AF617200

LA MUJER VASCA ANTE LA VIOLENCIA Y LOS MALOS TRATOS (SIGLOS XVI-XVIII)

LA MUJER VASCA ANTE LA VIOLENCIA Y LOS MALOS TRATOS

(SIGLOS XVI-XVIII)

Nere Jone Intxaustegi Jauregi

Sílex

Editor: Ramiro Domínguez Hernanz

Imagen de cubierta: *Boda en la basílica de Begoña.*

C/ San Gregorio, 8, 2, 2ª Madrid
España
www.silexediciones.com

ISBN: 978-84-19661-57-9
Depósito Legal: M-22531-2023
Colección: Sílex Universidad Historia

Impreso y encuadernado en España

CONTENIDO

LISTADO DE ABREVIATURAS

Archivo	Abreviatura
Archivo de la Real Chancillería de Valladolid	ARChV
Archivo General de Simancas	AGS
Archivo de la Catedral de Calahorra	ACC
Archivo de la Diócesis de Pamplona	ADP
Archivo Histórico Eclesiástico de Bizkaia	AHEB
Archivo Histórico Diocesano de Vitoria	AHDV
Archivo Histórico Foral de Bizkaia	AHFB
Archivo General de Gipuzkoa	AGG
Archivo del Territorio Histórico de Álava	ATHA
Archivo Histórico Provincial de Gipuzkoa	AHPG

Hoy en día, no hay semana en la que no aparezcan en los medios de comunicación noticias sobre esposas maltratadas y/o asesinadas por sus parejas, o mujeres que, independientemente de su edad y posición social, han sufrido episodios de violencia a mano de otros varones. Multitud de noticias, reportajes, entrevistas, películas o series así lo reflejan. Al respecto, considero que es digno de mención el libro *Laëtitia o el fin de los hombres* del historiador y profesor de la Universidad Sorbona Paris Norte, Ivan Jablonka[1]. El libro fue publicado en el año 2017, y trata sobre la joven Laëtitia Perrais, quien no solo fue violada, asesinada y descuartizada cuando apenas contaba con 18 años, sino que además sufrió violencia en el hogar familiar desde que nació. Además, es bastante probable que también viviese abusos en el hogar de acogida por su padre de acogida, quien fue condenado por abusar sexualmente, entre otras, de Jessica, la hermana melliza de Laëtitia.

Aunque pueda parecer que estamos ante un mal que afecta solo a la sociedad actual, la documentación de los archivos refleja que las mujeres de antaño también sufrían episodios de violencia y maltratos. Los documentos muestran casos de violencia psicológica y/o física, donde abundaban los golpes, los abusos, los insultos y las amenazas de muerte por parte de muchos maridos en contra de sus esposas. Además, hubo situaciones en las que ese maltrato se extendió a los hijos del matrimonio, llegando a lesiones, pero también a episodios de abortos, por lo que, en consecuencia, hubo embarazos que no llegaron a buen puerto. Hubo maridos que cometieron el delito de amancebamiento y, muchos de ellos, vieron nacer a hijos extramatrimoniales que confirmaban el adulterio acontecido, hecho doloroso para muchas esposas. Asimismo, hubo veces en las que la

[1] Ivan: *Laëtitia o el fin de los hombres*. Barcelona: Anagrama. Panorama de narrativas, 2017.

tercera mujer implicada ("la otra") también participó en episodios de violencia contra las mujeres legítimas.

Cabe indicar que la principal fuente de información sobre los malos tratos maritales son los procesos de divorcio presentados por las esposas ante los tribunales de la época. Por ello, también se realizará una breve pero pertinente exposición sobre el divorcio de aquellas centurias.

Asimismo, hay que mencionar que la violencia sufrida por las mujeres no fue exclusiva del ámbito marital, porque también se podía dar (y se dio) fuera del matrimonio. Es decir, la unión marital no era el único espacio donde las mujeres sufrieron la violencia, ya que hubo episodios en otras esferas de la vida, como riñas, discusiones o altercados varios con otros familiares masculinos, vecinos o con simples desconocidos de las localidades en las que ellas vivían (o en las vecinas).

De esta manera, empleando diversos archivos localizados en Bilbao, San Sebastián o Vitoria, pero también en Calahorra, Pamplona y Valladolid, se va a sacar a la luz casos de violencia y malos tratos, tanto en el ámbito matrimonial como fuera de este. Se presentarán identidades de las personas involucradas, sus orígenes sociales y geográficos, sus profesiones, y demás información relevante. Es decir, la finalidad de la presente obra es elaborar un perfil de los sujetos activos y pasivos de estas dinámicas de violencia y de malos tratos. Asimismo, también se analizará qué motivó esa violencia y esos malos tratos, es decir, qué lo originaba y por qué. Igualmente, se harán referencias a la diversa legislación de aquellos siglos con el objetivo de tener constancia de los delitos que se tipificaban en relación a la violencia y a los malos tratos, pero también a otros que sucedieron y estaban relacionados con estos últimos, como eran el adulterio o el amancebamiento.

No hay que olvidar que el objetivo último del presente escrito es darles voz a todas aquellas mujeres del pasado que sufrieron aquellos acontecimientos de violencia y malos tratos. Estas padecieron esos episodios de sevicia simple y llanamente, por el hecho de haber nacido mujeres. Toda esta labor se realiza desde una perspectiva histórica, pero sin olvidar la legislación y la mentalidad de la época.

Una vez definido el objetivo a investigar, se procedió a concretar un plan de trabajo en relación a las fuentes. Así, en primer lugar, la atención se centró en la búsqueda de la bibliografía actual, la cual ha sido de gran ayuda, ya que ha suministrado mucha información sobre modelos y líneas de investigación a tener en cuenta. Cronológica y geográficamente hablando, el tema de investigación es muy exacto: siglos XVI-XVIII, y los Territorios Históricos Vascos. No obstante, se ha utilizado una bibliografía amplia, la cual se centra en casos y circunstancias tanto regionales como internacionales. De esta manera, se han empleado monografías, libros, tesis doctorales, capítulos de libros, artículos, actas de congresos, etc. redactados en diversas lenguas, como son el castellano, pero también inglés, alemán, o francés. Toda esta lectura ha permitido instaurar un marco sobre el que trabajar la casuística de la mujer vasca y la violencia.

El siguiente paso fue la localización de los archivos donde se encuentran los documentos que contienen la información que interesa en el presente escrito. Por eso, se ha acudido a los siguientes archivos:

En Álava:
Archivo del Territorio Histórico de Álava
Archivo Histórico Diocesano de Vitoria

En Guipúzcoa:
Archivo Histórico Provincial de Gipuzkoa
Archivo General de Gipuzkoa

En Vizcaya:
Archivo Histórico Foral de Bizkaia
Archivo Histórico Eclesiástico de Bizkaia

Asimismo, también se ha accedido a los fondos de archivos que se encuentran más allá de los límites territoriales vascos:
Archivo de la Catedral de Calahorra
Archivo Diocesano de Pamplona
Archivo de la Real Audiencia y Chancillería de Valladolid
Archivo General de Simancas

Como se puede observar, son archivos que se encuentran dentro y fuera de los límites geográficos de los Territorios Históricos Vascos. En el caso de Calahorra y Pamplona, el motivo es que Álava, Guipúzcoa y Vizcaya formaban parte de esas diócesis eclesiásticas; de ahí, que estas dos ciudades alberguen documentación relacionada con esos tres territorios.

Desde el siglo XI hasta el XIX, la diócesis de Calahorra englobó una considerable franja de territorio del norte peninsular, donde estaban incluidas, aunque no todas en su totalidad, las actuales siete provincias de Álava, Burgos, Guipúzcoa, La Rioja, Navarra, Soria, y Vizcaya[1]. En relación al territorio vascongado, la provincia de Álava estaba integrada en su totalidad, excepto la zona de Salinas de Añana que formaba parte de la diócesis de Burgos. En Guipúzcoa, la margen izquierda del Deva; y en Vizcaya, hasta la margen derecha del río Nervión, incluyendo la ciudad de Orduña. Por su parte, la zona oriental del territorio vizcaíno, las Encartaciones, formaban parte de la diócesis de Burgos[2]. Finalmente, la mayor parte de Guipúzcoa pertenecía, al menos desde el siglo XII, a la diócesis de Pamplona[3]. Por lo tanto, como consecuencia de esta división diocesana, es necesario acudir

[1] Díaz Bodegas, Pablo: "La diócesis de Calahorra en la Edad Media y su consolidación a la sombra del poder", *Los espacios de poder en la España medieval: XII Semana de Estudios Medievales* (José Ignacio de la Iglesia Duarte, José Luis Martín Rodríguez, coords.). Logroño: Instituto de Estudios Riojanos, 2002, p. 459.

[2] Simón Valencia, María Esperanza: *El cabildo de la Iglesia Catedral de Burgos en la Baja Edad Media (1352-1407)*. Tesis Doctoral, Universidad de Cantabria, 2016, p. 48. El archivo de la diócesis de Burgos, como consecuencias de acontecimientos de la Guerra de Independencia, no conserva documento alguno sobre el tema que tratamos en este escrito, por eso no se ha utilizado.

[3] "Pamplona, madre de diócesis, ha sido elevada a metrópoli". *Príncipe de Viana*, Año 69, n.º 245, 2008, p. 536. Cabe indicar que una zona pequeña de la Guipúzcoa oriental perteneció a la diócesis de Bayona hasta el siglo XVI, cuando se integró en la de Pamplona.

a las ciudades de Calahorra y Pamplona para consultar documentación tan variada como son los pleitos sobre divorcios, palabras de matrimonios, o las nulidades eclesiásticas, en los que se encuentran una multitud de casos y ejemplos sobre violencia y maltrato sobre las mujeres. Además, hay que indicar que albergan una cantidad ingente de documentación que resulta esencial a la hora de investigar sobre la sociedad e historia de la Edad Moderna, pero que no ha sido muy utilizada por la historiografía, debido especialmente a dos motivos: su localización y el carecer de catálogo público alguno en el caso riojano, circunstancias adversas para los trabajos de investigación.

Por su parte, también se ha hecho un uso considerable de los fondos del Archivo de la Real Chancillería de Valladolid, especialmente los de la Sala de Vizcaya, debido al peso de los pleitos como eje documental fundamental de este trabajo. La Chancillería vallisoletana era la última instancia judicial en la Corona de Castilla, de ahí, su importancia.

En todos esos archivos se han encontrado documentos de distinto tipo de naturaleza, como es la documentación judicial, notarial o eclesiástica. Es indudable la riqueza documental que existe para analizar los casos de violencia y malos tratos en los Territorios Históricos Vascos. Sin embargo, creo oportuno hacer una puntualización en relación a la documentación sobre los juicios; se han utilizado procesos llevados a cabo frente a las autoridades laicas en los distintos niveles que existió, como fueron los alcaldes, los corregidores y el juez mayor de Vizcaya, situado en Valladolid, pero también ante la eclesiástica de Calahorra y de Pamplona. No ha de sorprender el alto número de procesos y juicios que se van a presentar a lo largo de las siguientes páginas, ya que la sociedad peninsular de la Edad Moderna era pleiteadora por excelencia[4]. Sin embargo, desgraciadamente, en muchos casos no se han encontrado las sentencias. Al respecto, Andrea Grande Pascual señaló que cabía mencionar tres posibilidades: que muchos procesos fueron iniciados de oficio y que se ignoraba quién o quiénes habían sido la parte activa de los

[4] Martínez Pérez, Fernando: "Interim apud Hispanos. Mandati de manutenendo y sumarísimos de posesión en la jurisprudencia moderna española", *Initium Revista catalana d'historia del dret* n.º 7, 2002, p. 139.

mismos, por lo que quedaron sin resolución, es decir, sin sentencia; la segunda posibilidad sería que el proceso habría finalizado por otros medios como, por ejemplo, el perdón de la víctima. Finalmente, no hay que descartar la pérdida documental[5].

Volviendo a los archivos, una vez que los documentos han sido localizados, se ha procedido a la transcripción de los mismos y a un posterior análisis de la información obtenida.

A continuación, se han contrastado los datos obtenidos en estos archivos con la bibliográfica y, esa comparación ha permitido contextualizar la información. No hay que olvidar que, aunque el interés del presente escrito tenga una delimitación geográfica muy concreta, no es posible perder de perspectiva que la temática puede ser analizada desde un contexto más vasto. Por lo tanto, el objetivo es confeccionar un discurso de carácter regional, sin obviar la internacionalidad de la materia.

Asimismo, es necesario decir que se han empleado buscadores de documentación, como son Dokuklik o PARES, lo que ha facilitado la identificación de los documentos una vez en los archivos. Además, también hay archivos, como el Archivo Histórico Foral de Bizkaia, el Archivo General de Gipuzkoa, o el Archivo Territorial Histórico de Álava, que cuentan con su propia página web donde es posible consultar el fondo documental del archivo. Es más, la información básica de los libros de bautismos, matrimonios y defunciones de los tres Territorios Históricos está accesible desde Internet, hecho que ha ayudado mucho en la elaboración del trabajo.

[5] Grande Pascual, Andrea: "El perdón de la parte ofendida como mecanismo para la resolución de crímenes violentos en la Bizkaia de fines del Antiguo Régimen (1766-1841)". *Clío & Crimen: Revista del Centro de Historia del Crimen de Durango*, n.º 18, 2021, p. 52.

CAPÍTULO 1

LA MUJER, LA VIOLENCIA Y LOS MALOS TRATOS: UNA APROXIMACIÓN

Como indica el catedrático César González Mínguez, la existencia de la violencia parece ser consustancial con la historia de la humanidad[1]. Esta afirmación queda avalada por el amplísimo volumen de investigaciones que ha habido (y habrá) en torno a la violencia, ya que esta ha sido ampliamente estudiada a lo largo de la Historia.

Desde tiempos inmemoriales y centrándose en una perspectiva filosófica, pero también sociológica, política, literaria, religiosa o jurídica, multitud de autores han escrito al respecto[2]. De esta manera, es posible vislumbrar que la violencia era en sí un lenguaje social que reforzaba los vínculos personales y, sobre todo, la dependencia mutua[3]. Teniendo en cuenta el prisma y la disciplina histórica, los investigadores han reparado y estudiado acontecimientos tales como las guerras, las revoluciones o las revueltas que han tenido lugar a lo largo de los siglos y por todo el orbe[4]. Esos enfrentamientos se han

---

[1] González Mínguez, César: "Sobre historia de las mujeres y violencia de género". *Clío & Crimen: Revista del Centro de Historia del Crimen de Durango*, n.º 5, 2008, p. 15.

[2] Arendt, Hannah: *On Violence*. Nueva York: Harcourt, Brace, Jovanovich, 1970; North, Douglass C.: *In the Shadow of Violence: Politics, Economics, and the Problems of Development*. Cambridge: Cambridge University Press, 2012; Bardall, Gabrielle S.: *Violence, Politics, and Gender*. Oxford: Oxford University Press, 2018; Brown, Robert McAfee: *Religion and Violence*, Westminster John Knox Press, 1973; Malesevic, Sinisa: *The Sociology of War and Violence*. Cambridge: Cambridge University Press, 2010; Haijar, Lisa: *Torture: A Sociology of Violence and Human Rights*. Londres: Routledge, 2013; Goonesekere, Savitri: *Violence, Law and Women's Rights in South Asia*. California: SAGE Publications, 2003; Menke, Christoph: *Law and Violence*. Manchester: Manchester University Press, 2018; Wildt, Michael: *Hitler's Volksgemeinschaft and the Dynamics of Racial Exclusion. Violence against Jews in Provincial Germany, 1919-1939*. Nueva York: Berghahn Books, 2014.

[3] Mantecón Movellán, Tomás Antonio: "Did interpersonal violence decline in the Spanish Old Regime?", *Memoria y Civilización: Anuario de Historia* n.º 2, 1999, p. 123.

[4] Entre muchos otros: Elliott, John: *The Revolt of the Catalans. A Study in the Decline of Spain (1598-1640)*. Cambridge: Cambridge Paperback Library, 1984; *Revoluciones y rebeliones en la Europa moderna*. Madrid: Editorial Alianza, 1990. Chust Calero,

dado entre grupos que vivían dentro o fuera de los límites de un país, como son las guerras civiles o las guerras contra otras naciones; también ha habido casos de hostilidad contra un grupo concreto debido a la religión u otro elemento identitario, siendo un ejemplo las persecuciones contra los judíos desde la Antigüedad. También se puede aludir a los abundantes sucesos violentos que ha sufrido la mitad de la población, como serían los casos de violencia y maltrato sufridos por las mujeres, tanto en el ámbito familiar como fuera del mismo.

Sin embargo, y como bien indicó en su momento la profesora María José de la Pascua Sánchez, la historiografía no ha identificado siempre a la familia como un espacio de conflictos[5]. De hecho, como demostró Ricardo Córdoba de la Llave, según la historiografía tradicional, la violencia se encontraba en los movimientos antiseñoriales, en los conflictos sociales relacionados con el reparto del poder, y en los sucesos violentos antijudíos. Tiempo después y, de una manera muy gradual, la historiografía abrió su espectro a otros escenarios sobre qué podía ser considerado como violencia, y empezó a tener en cuenta como tal la delincuencia, la violencia cotidiana, la exclusión social, y la violencia contra las mujeres[6].

Cabe indicar que los estudios interdisciplinarios de la mujer están en boga. Literatura, Historia, Antropología, Arte, Cine, etc. se alían para dar a la mujer su lugar en el mundo de la investigación. Al respecto, es de obligatoria mención el Seminario de Estudios

---

Manuel: "Los procesos revolucionarios (independencias) en Iberoamérica", *Tiempos de América: Revista de historia, cultura y territorio*, n.º 20, 2013, pp. 5-11; "La revolución bihemisférica de la Constitución de 1812", *Teoría y derecho: revista de pensamiento jurídico*, n.º 10, 2011, pp. 113-120; "Insurgencias y revolución en Hispanoamérica: sin castillos hubo Bastillas", *Historia social*, n.º 20, 1994, pp. 67-96; *De revoluciones, Guerra Fría y muros historiográficos: acerca de la obra de Manfred Kossok*. Zaragoza: Prensas de la Universidad de Zaragoza, 2017; *Revoluciones y revolucionarios en el mundo hispánico*. Castellón de la Plana: Universitat Jaume I, 2000. Álvarez-Ossorio Alvariño, Ignacio: "La transición egipcia: crónica de una revolución fracasada", *FerrolAnálisis: Revista de pensamiento y cultura*, n.º 28, 2013, pp. 61-70; "Irán: 25 años de Revolución Islámica", *Clío: Revista de historia*, n.º 29, 2004, pp. 26-33; *Siria: Revolución, sectarismo y yihad*. Madrid: Los Libros de la Catarata, 2016.

[5] Pascua Sánchez, María José de la: "Violencia y familia en la España del Antiguo Régimen". *Estudis: Revista de Historia Moderna*, n.º 28, 2002, p. 79.

[6] Córdoba de la Llave, Ricardo: "Conflictividad social en los reinos hispánicos durante la Baja Edad Media... aproximación historiográfica", *Vínculos de Historia* n.º 3, 2004, pp. 35-36.

Interdisciplinarios de la Mujer (SEIM) de la Universidad de Málaga; fundado en el año 1988, su objetivo se centra en la docencia, en la investigación y en la difusión de los estudios sobre las mujeres[7]. El Premio Victoria Kent, fundado en el año 1989, y cuya última edición es el número XXXII, es el reflejo perfecto de la misión del SEIM. Asimismo, también hay que referirse a la Asociación Española de Investigación de la Historia de las Mujeres (AEIHM) fundada en el año 1991, con el objetivo de apoyar y promover la investigación en el campo de la historia de las mujeres y de género[8]. También es digna de mención *Arenal. Revista de Historia de las Mujeres*, creada en el año 1994 bajo el auspicio de la Universidad de Granada, y que se ha convertido en un espacio interdisciplinario donde el centro de investigación es la mujer[9]. Considerada una publicación pionera, ha ayudado a abrir las puertas y derrumbar mitos en relación a la investigación en torno al sexo femenino.

Por su parte, y desde una perspectiva histórica, es esencial nombrar las aportaciones realizadas a título particular por Marion Reder Gadow, Encarnación Barranquero Texeira, Rosa María Ballesteros García, Ofelia Rey Castelao, Inmaculada Fernández Arrillaga, Margarita Torremocha Hernández, o Ángela Atienza López[10]. Sus obras

[7]https://www.uma.es/seminario-de-estudios-intedisciplinarios-de-la-mujer/cms/menu/historia-y-origenes-del-seim/

[8] https://aeihm.org/la-asociacion

[9] https://revistaseug.ugr.es/index.php/arenal/index

[10] Reder Gadow, Marion: "Mujeres en las barricadas durante la Guerra de Independencia (1808-1814): la rondeña María García, La Tinajera". *Dossiers feministes*, n.º 15, 2011, pp. 9-25; "La mujer, protagonista en las Nuevas Poblaciones de Carlos III". *Congreso Internacional "Nuevas Poblaciones de Sierra Morena y Andalucía y otras colonizaciones agrarias en la Europa de la Ilustración*, (Tarifa Fernández, Adela, José Antonio Fílter Rodríguez, coords.), Jaén: Diputación Provincial Instituto de Estudios Giennenses, 2018, pp. 1549-1567; "De niña a mujer en el internado femenino de Nuestra Señora de la Concepción en Málaga (siglo XVIII)", *Las edades de las mujeres*, Ortega López, Margarita, Pilar Pérez Cantó (eds.). Madrid: Universidad Autónoma de Madrid, Asociación Española de Investigación de Historia de las Mujeres, 2002, pp. 95-108. Barranquero Texeira, Encarnación: "Ángeles o demonios: representaciones, discursos y militancia de las mujeres comunistas", *Arenal: Revista de Historia de las Mujeres*, Vol. 19, n.º 1, 2012, pp. 75-102; "Mujeres malagueñas en la represión franquista a través de las fuentes escritas y orales", *Historia actual online*, n.º 12, 2007, pp. 85-94; Ballesteros García, Rosa María: "Tres actrices que el exilio se llevó: Alicia Rodríguez, María Casares, Rosita Díaz Gimeno", *Aposta: Revista de ciencias sociales*, n.º 87, 2020, pp. 8-25; "Raras y olvidadas: directoras del cine mudo", *Aposta: Revista de ciencias sociales*, n.º 67, 2015, pp. 71-95; "La educación femenina: una escala para alcanzar la

se centran en penas y castigos, en el escándalo público, en la vida religiosa, en las separaciones y en los divorcios, en la Guerra Civil, en el cine, en la literatura, etc. pero siempre teniendo a las mujeres como el centro de la investigación, independientemente del contexto.

Asimismo, la mujer también ha sido y es centro de estudio en la disciplina histórica a nivel internacional. Al respecto, es imposible no aludir a la asociación *The Berkshire Conference on the History of Women* fundada allá por el año 1930 en la costa este de Estados Unidos y, que a partir de las olas feministas de las décadas de 1960 y 1970, se convirtió en un imán para todas las mujeres ambiciosas dispuestas a derribar barreras en el mundo universitario y de la investigación[11]. Por

categoría de ciudadana. Portugal y los Congresos Feministas y de Educación (1924-1928)", *Docencia e Investigación: Revista de la Escuela Universitaria de Magisterio de Toledo*, año 27, n.º 12, 2002, pp. 7-39. Rey Castelao, Ofelia: "Mujeres y resistencias en la Galicia a fines del Antiguo Régimen: Antonia de Alarcón y los límites del orden", *Chronica nueva: Revista de historia moderna de la Universidad de Granada*, n.º 48, 2022, pp. 21-60; "El trabajo de las mujeres rurales en la España moderna: un balance historiográfico", *Revista de historiografía (RevHisto)*, n.º 22, 2015, pp. 183-210; "Mujer y sociedad en la Galicia del Antiguo Régimen", *Ohm: Obradoiro de historia moderna*, n.º 3, 1994, pp. 51-70; *El vuelo corto: mujeres y migraciones en la Edad Moderna*. Santiago de Compostela: Servicios de Publicaciones de la Universidad de Santiago de Compostela, 2021. Fernández-Arrillaga, Inmaculada: "Mamá Antula: la beata de los ejercicios espirituales desde la mirada de los jesuitas desterrados", *Scripta: revista internacional de literatura i cultura medieval i moderna*, n.º 8, 2016, pp. 257-267; "Silenciar la mala lengua de las mujeres", *Al margen de las calladas*, Fernández Arrillaga, Inmaculada (coords.). Alicante: Diputación Provincial, 2016, pp. 73-82; "Prólogo. Balance de un empeño o la curiosidad por las mujeres de Época moderna", *Mujeres que vivieron el Alicante de la modernidad* (Fernández Arrillaga, Inmaculada, coord.). Alicante: Diputación Provincial, 2015, pp. 11-25; "Ilustradas de sotana negra", *Fundadores e ilustradas: mujeres que abrieron puertas y clausuras en la Modernidad mediterránea*, Marchetti, Elisabetta, Carlos A. Martínez Tornero, (coords.). Alicante: Universitat d'Alacant, 2012. Torremocha Hernández, Margarita: *Cárcel de mujeres en el Antiguo Régimen: teoría y realidad penitenciaria de las galeras.* Madrid: Dykinson, 2019; "Presencias femeninas en las misiones del padre Calatayud: mujeres y pasiones corporales", *Investigaciones históricas: época moderna y contemporánea*, n.º 1, 2021, pp. 273-296; "Mujer estuprada: ¿víctima o cómplice querellante? Un complejo delito de difícil probanza en Castilla (Porcones, siglo XVII)". *Clío & Crimen: Revista del Centro de Historia del Crimen de Durango*, n.º 17, 2020, pp. 165-196. Atienza López, Ángela: *Historia de la sororidad, historias de sororidad: manifestaciones y formas de solidaridad femenina en la Edad Moderna.* Madrid: Marcial Pons, 2022; "Movilización y activismo desde los claustros postridentinos. La participación de las monjas en la proyección de la Contrarreforma", *Historia social*, n.º 91, 2018, pp. 105-130; Presentación: de reacciones, de tolerancias, de resistencias y de polémicas. Las "grietas" de la Contrarreforma y los límites del disciplinamiento social", *Hispania: Revista española de historia*, vol. 74, n.º 248, 2014, pp. 651-660.

[11] https://berksconference.org/about/history/

su parte, en el año 2000 se fundó en Frankfurt am Main (Alemania) la red internacional de investigación *Gender Differences in the History of European Legal Cultures*, que en la actualidad se encuentra bajo la dirección de Margareth Lanzinger, catedrática en la Universidad de Viena, y que pretende reunir a estudiosos que analicen desde una perspectiva histórica el significado y la función de las diferencias de género en las diversas culturas jurídicas del continente europeo[12].

Respecto a publicaciones de naturaleza internacional, la revista *Women's Studies* ofrece un foro idóneo para la presentación de estudios y críticas sobre la mujer en los campos de la literatura, la historia, el arte, la sociología, el derecho, las ciencias políticas, la economía, la antropología y las ciencias[13]. Tampoco habría que olvidarse de las revistas *Journal of International Women's Studies*[14], *The European Journal of Women's Studies*[15], o *Women's Studies Association*[16].

Asimismo, a título individual, resulta esencial nombrar, entre muchas otras, a Natalie Zemon Davis, Merry E. Wiesner-Hanks, Mary Beard, Julie Hardwick, Allyson M. Poska, Margareth Lanzinger, o Grace E. Coolidge[17], cuyas publicaciones y aportaciones han

[12] https://gender-legal-cultures.univie.ac.at/

[13] https://www.tandfonline.com/toc/gwst20/current

[14] https://vc.bridgew.edu/jiws/

[15] https://journals.sagepub.com/home/ejw

[16] http://www.wsanz.org.nz/journal.htm

[17] Zemon Davis, Natalie: "The History of women and gender (1970-2003): achievements and the challenges ahead", *Pedralbes: Revista d'història moderna*, n.º 22, 2002, pp. 15-28; *Mújeres en los márgenes: tres vidas del siglo XVII*. Madrid: Cátedra, 1999; *Frauen und Gesellschaft am Beginn der Neuzeit*. Berlin: Wagenbach, 1986; "Gender and Genre: Women as Historical Writers (1400-1820)", *University of Ottawa Quasterly*, vol. 50, 1980, pp. 123-144. Wiesner-Hanks, Merry E: *Gender in History: Global Perspectives*. New Jersey: Wiley-Blackwell Editor, 2021; *Women and Gender in Early Modern Europe*. Cambridge: Cambridge University Press, 2019; *Mapping Gendered Routes and Spaces in the Early Modern World*. Londres: Routledge, 2016; *Ages of Woman, Ages of Man: Sources in European Social History, 1400-1750*. Londres: Routledge, 2014.Beard, Mary: *Mujeres y poder: un manifiesto*. Madrid: Crítica, 2018; "Women in Power", *London Review of Books*, vol. 39, n.º 6, 2017, pp. 9-14; "The Public Voice of Women", *London Review of Books*, vol. 36, n.º 6, 2014, pp. 11-14. Poska, Allyson M.: "Babies on Board: Women, Children, and Imperial Policy in the Spanish Empire", *Gender and History*, vol. 22, n.º 2, 2010, pp. 269-283; "Elusive virtue: rethinking the role of female chastity in early modern Spain", *Journal of Early Modern History*, Vol. 8, n.º 1-2, 2004, pp. 135-146; "Cuando se las juzga por bigamia: las mujeres gallegas y el Santo Oficio", *Mujeres en la Inquisición: la persecución del Santo Oficio y el Nuevo Mundo*, Giles, Mary E. (coords.). Madrid: Editor Martínez Roca, 2000, pp. 232-252. Lanzinger, Margareth: "Soltería: contextos, impactos y trayectorias en la Europa

resultado esenciales en el estudio sobre las mujeres y sus circunstancias a lo largo de los siglos.

Por su parte, para el apartado concreto de la violencia y la mujer, es acuciante acudir a la figura de Tomás Mantecón y su obra[18], donde se puede ver cómo, a lo largo de la Historia, niñas, mujeres solteras y casadas, amas de casa o comadronas, etc. han sido víctimas de la violencia, pero también de los malos tratos en el espacio doméstico del hogar. Esa violencia puede ser percibida al cometer otros delitos, como eran el estupro o la violación, es decir, abusos con claras connotaciones sexuales. En estos, se encuentra una combinación de sexualidad con violencia[19]. Pero, también se daba la violencia y los malos tratos por otros diversos motivos como, por ejemplo, las razones económicas relacionadas con las dotes que las esposas aportaban al contraer matrimonio o los simples celos de los

Central (siglos XVIII y XIX)", *Revista de Historia Moderna: Anales de la Universidad de Alicante*, n.º 34, 2016, pp. 61-77; *Verwaltete Verwandtschaft. Eheverbote, kirchliche und staatliche Dispenspraxis im 18. und 19. Jahrhunder.* Viena: Böhlau, 2015; "Pericoli" dei matrimoni consanguinei e affini. Dibattiti e prassi delle dispense tra fine del XVIII e XIX secolo", *Quaderni storici*, Anno 49, n.º 145, 2014, pp. 71-105. Coolidge, Grace E.: *Guardians, Gender, and the Nobility in the Early Modern Spain.* Surrey: Ashgate Press, 2011; "Neither dumb, deaf, nor destitute of understanding: women as guardians in Early Modern Spain", *Sixteenth Century Journal: the Journal of Early Modern Studies*, n.º 3, 2005, pp. 673-693.

[18] Mantecón Movellán, Tomás Antonio: "Estupro, sexualidad e identidad en sociedades católicas del Mediterráneo durante el Antiguo Régimen", *El estupro: delito, mujer y sociedad en el Antiguo Régimen*, Torremocha Hernández, Margarita (coord.). Valladolid: Ediciones Universidad de Valladolid, 2018; "Impactos de la violencia doméstica en sociedades tradicionales: la muerte de Antonia Isabel Sánchez, quince años después", *Memoria y civilización: anuario de historia*, n.º 16, 2013, pp. 83-115; "La violencia marital en la Corona de Castilla durante la Edad Moderna", *Familia, transmisión y perpetuación (siglos XVI-XIX)*, Irigoyen López, Antonio (ed.), Murcia: Servicios de Publicaciones de la Universidad de Murcia, 2002, pp. 19-55; "Mujeres forzadas y abusos deshonestos en la Castilla moderna", *Manuscrits: Revista d'Història moderna*, n.º 20, 2002, pp. 157-185; "Did interpersonal violence decline in the Spanish Old Regime?", *Memoria y Civilización: Anuario de Historia* n.º 2, 1999, pp. 117-140; *La muerte de Antonia Isabel Sánchez: tiranía y escándalo en una sociedad rural del norte español en el Antiguo Régimen*. Alcalá de Henares: Centro de Estudios Cervantino, 1997; "Desviación, disciplina social e intervenciones judiciales en el Antiguo Régimen", *Studia Historica. Historia Moderna*, n.º 14, 1996, pp. 223-243.

[19] Mantecón Movellán, Tomás Antonio, "Mujeres forzadas y abusos deshonestos en la Castilla moderna", *Manuscrits: Revista d'Història moderna*, n.º 20, 2002, p. 176.

maridos ante construcciones mentales de infidelidades de sus esposas con otros hombres.

Además, también es necesaria la mención de los Coloquios Internacionales anuales celebrados por el Centro de Historia del Crimen de Durango (Bizkaia), entidad dirigida por el profesor Iñaki Bazán[20], en los cuales la violencia y los malos tratos han sido ampliamente estudiados por multitud de investigadores[21]. Igualmente, en los ya mencionados Premios Internacionales Victoria Kent diversas obras premiadas también se han centrado en la violencia y en los malos tratos sufridos por las mujeres a lo largo de los siglos[22].

De esta manera, el presente escrito aboga por seguir esa senda, y su aportación se basa en dar a conocer la violencia y los malos tratos que sufrieron las mujeres vascas durante la Edad Moderna.

Por lo tanto, en primer lugar y antes de ir más lejos, hay que concretar qué se entendía por violencia y maltrato en el Antiguo Régimen. La razón es obvia: son los conceptos que se investigan en esa época concreta. Así, y de acuerdo con el Diccionario de las Autoridades, la palabra violencia tenía siete acepciones y, a continuación, he recogido dos de ellas: la tercera es *tambien la fuerza, con que alguno se le obliga à hacer lo que no quiere por medios, à que no puede resistir*, mientras que la séptima era *acto torpe executado contra la voluntad de alguna muger*[23]. Por su parte, en el año 1734, el término maltrato fue definido como *castigo, daño, perjuicio, ajamiento*[24]. Es decir, es posible apreciar la estrecha relación de estos conceptos con términos tales como fuerza, abusos, menoscabo, lesiones, contusiones, coacción o intimidación.

---

[20] Y actual decano de la Facultad de Filosofía y Letras de la Universidad del País Vasco /Euskal Herriko Unibertsitatea, en el Campus Álava/Araba.

[21] Al respecto, se pueden mencionar los siguientes años y los temas de estudio: 2008 La violencia de género en la Edad Media, 2019 Mujer y delincuencia a través de la Historia, 2021 Odio, emoción criminal a través de la Historia.

[22] Antón García, Lorena: *Violencia de género y mujeres inmigrantes*. Accésit de la Edición XXV, año 2015. Cases Sola, Adriana: *El Género de la Violencia. Mujeres y Violencia en España (1923-1936)*. Accésit de la Edición XXVI, año 2016. Peral López, María del Carmen: *La violencia de género o violencia vicaria a través de las hijas e hijos de madres maltratadas*. Premio de la Edición XXVIII, año 2018.

[23] https://apps2.rae.es/DA.html

[24] https://apps2.rae.es/DA.html

En la actualidad, es posible apreciar que siguen en vigor esas connotaciones, si bien la historiografía les otorga distintos matices a estos dos conceptos. Al respecto, Cristina Segura Graíño, cuya investigación se centra precisamente en la mujer, indica que el maltrato haría referencia a las agresiones sufridas por las mujeres en el espacio doméstico, mientras que la violencia abarcaría una realidad más amplia, ya que las mujeres no solo sufrían en el ámbito marital, sino también la general de la época y la patriarcal por ser, sencilla y llanamente, mujeres[25].

En este escrito se emplean los términos con esas connotaciones. Hay que indicar que esta decisión no es caprichosa, sino que se basa en dos motivos: en primer lugar, el compartir esas definiciones al considerarlas acertadas y, en segundo lugar, que en la propia documentación de la época consultada también se aprecia el empleo del término malos tratos o tratamientos en las relaciones entre los maridos y sus mujeres, mientras que el término de violencia englobaba otras prácticas y situaciones también abusivas, pero no solo vinculadas a ciertas crueles dinámicas matrimoniales, sino que en un ámbito más general. Cabe indicar que, seguramente, violencia doméstica sería la acepción más precisa para tratar las agresiones ocurridas dentro del hogar y a mano de los esposos. Pero, esta terminología es de uso actual y, por eso, se ha decidido no emplearla en este trabajo porque, como refleja la documentación manejada, no se utilizó durante las centurias estudiadas.

Independientemente de la existencia de una unión conyugal o no, la Historia nos enseña que la mujer ha vivido sometida al hombre al ser considerada un ser inferior a él. De hecho, la legislación de distintas etapas históricas no deja duda alguna de esa supeditación de la mujer al hombre[26]. Y, precisamente, esa dinámica es la que posibilitó situaciones de violencia y maltrato hacia el género femenino. Por ejemplo, la violencia, en todas sus manifestaciones,

[25] Segura Graiño, Cristina: "La violencia sobre las mujeres en la Edad Media. Estado de la cuestión", *Clío & Crímen: Revista del Centro de Historia del Crimen de Durango*, n.º 5, 2008, pp. 27 y 29.

[26] Álamo Martell, María Dolores: "La discriminación legal de la mujer en el siglo XIX", *Revista Aequitas: Estudios sobre historia, derecho e instituciones*, n.º 1, 2011, p. 12.

fue parte inherente de la sociedad romana; de hecho, la violencia física, como pueden ser las violaciones, pero también los golpes, los robos y los asesinatos contra las mujeres, independientemente de su estatus social, era frecuente, incluso dentro del núcleo familiar[27]. Esa superioridad del patriarcado continuó durante toda la Edad Media, como refleja la imposibilidad de las mujeres a la hora de disponer libremente de su cuerpo y derecho a actuar, ya que estaban sometidas a su padre (o a algún otro miembro masculino de su familia) y, una vez casadas, al marido. Es más, el ordenamiento jurídico medieval no consideraba delito el maltrato a la mujer, hija o hermana, ya que estas eran vistas como una pertenencia del grupo familiar y, como tal, los hombres de la familia podían disponer de ellas a su libre albedrío[28]. Por su parte, la legislación y la documentación de la Edad Moderna continuó la senda de épocas pretéritas; de esta manera, por ejemplo, la mujer no podía celebrar ningún tipo de contrato sin la autorización de su marido[29].

Como menciona Antonio Gil Ambrona, la violencia ejercida por los hombres abarcaba distintas situaciones, como someter y controlar, pero también agredir física, verbal, emocional o sexualmente a mujeres con las que estaban o habían estado unidos en matrimonio, en el caso de los esposos, o con las que mantenían cualquier tipo de vínculo afectivo, como eran los padres, hermanos u otros familiares[30]. No cabe duda alguna de que hay que ver la violencia como un fenómeno polifacético, ya que podía darse de diversas maneras: física, moral, y/o verbal. Pero, indudablemente, era omnipresente, ya que podía darse en cualquier esfera de la vida y de la sociedad, tanto en situaciones asociadas a la convivencia cotidiana, pero también en circunstancias y de formas extraordinarias[31]. La documentación que

[27] Rodríguez López, Rosalía: *La Violencia contra las mujeres en la Antigua Roma*. Madrid: Dykinson, 2018, pp. 26 y 29.

[28] Segura Graiño: "La violencia sobre las mujeres en la Edad Media", *op. cit.*, p. 30.

[29] Aranda Mendíaz, Manuel: *La mujer en la España del Antiguo Régimen. Historia de género y fuentes jurídicas*. Editor M. Aranda, 2008, p. 86.

[30] Gil Ambrona, Antonio: *Historia de la violencia contra las mujeres. Misoginia y conflicto matrimonial en España*. Barcelona: Ediciones Cátedra, 2008, p. 23.

[31] Mantecón Movellán, Tomás Antonio: "Impactos de la violencia doméstica en sociedades tradicionales: la muerte de Antonia Isabel Sánchez, quince años después", *Memoria y civilización: anuario de historia*, n.º 16, 2013, p. 102.

se utiliza en este escrito no deja duda alguna sobre esos comportamientos de violencia y de maltrato en el seno familiar, fuese ese nexo conyugal o no, o en otras facetas del día a día de aquellas mujeres.

Lawrence Stone, en sus investigaciones sobre el divorcio en Inglaterra durante la Edad Moderna, indicó que se centraba casi exclusivamente en las rupturas matrimoniales entre los más ricos y que esta circunstancia no era el resultado de una elección deliberada, sino de la naturaleza de las pruebas disponibles. Los registros judiciales tenían muy poco sobre las experiencias de ruptura matrimonial entre los pobres, por la razón de que estos no podían permitirse los enormes costes de una larga batalla legal a gran escala, que implicaba el transporte y mantenimiento de docenas de testigos, el pago de abogados, asistentes jurídicos, detectives, etc.[32]. Una de las razones alegadas en los tribunales ingleses eran los malos tratos y, eso permite ver que la violencia no diferenciaba entre los estamentos. Es decir, tanto las mujeres de la capa alta de la sociedad como de la baja podían ser víctimas de malos tratos por parte de sus maridos.

Esa realidad también se puede ver en la documentación manejada en este trabajo. Por lo tanto, se expondrán casos de malos tratos habidos en los matrimonios de la flor y nata de la sociedad vasca, pero también entre las parejas de extractos más humildes. Asimismo, también se tiene constancia de la violencia sufrida por las mujeres a manos de hombres que no eran sus esposos, circunstancias que también se recogerán en este escrito. Finalmente, cabe señalar que, aunque sea en un porcentaje muy inferior, la documentación archivística saca a la luz ejemplos de mujeres que fueron la parte activa en situaciones de violencia y malos tratos. Como el objetivo del presente trabajo es el estudio de la mujer como víctima de excesos, crueldad y arrebatos tanto físicos como verbales, no nos centraremos en esa cuestión, pero eso no es óbice para su necesaria mención en un trabajo de rigor científico como es el presente.

Asimismo, cabe indicar que, además de existir una relación estrecha entre las mujeres y la violencia y los malos tratos, las primeras

[32] Stone, Lawrence: *Broken lives. Separation and Divorce in England, 1660-1857*. Oxford: Oxford University Press, 1993, p. 4.

también lo estaban con otro concepto: el honor. Según la segunda acepción del Diccionario de las Autoridades, el honor era considerado *la reputación o lustre de alguna familia*, mientras que el cuarto significado hacía referencia a *la honestidad y recato de las mugeres*, ya que lo equiparaba con el pudor[33]. Como se puede observar, es posible vislumbrar la conexión existente entre los conceptos honor, reputación, familia, honestidad y mujeres; de hecho, la documentación de la época refleja que era la mujer la que mantenía el honor de la familia a través de su reputación y de la honestidad.

Al respecto, Mariló Virgil ya indicó en su momento que las mujeres estaban relacionadas como una serie de cualidades como eran la obediencia, la modestia, la discreción o la devoción[34]. También estaban muy valoradas la virginidad y la buena fama de las jóvenes, ya que esos conceptos eran vistos como valores económicos y sociales muy apreciables, y que resaltaban el honor de las mujeres y, en consecuencia, de todo el grupo familiar[35]. En todo momento, la sumisión de la esposa respecto al marido era lo lógico y deseable[36]. Se esperaba el cumplimiento de todas esas cualidades porque el honor de las familias se hacía descansar, precisamente, sobre la integridad y la honra de sus miembros femeninos. Por lo tanto, cuando se denunciaban públicamente casos de malos tratos o de violaciones, las cualidades tan deseadas de discreción y de castidad se esfumaban repercutiendo negativamente en la esposa, pero también en los linajes. Por eso, en muchas ocasiones, se taparon muchos episodios para ahorrar la vergüenza y el deshonor de las familias. Además, como la documentación refleja, también se deseaba evitar un descontrol social y un posible efecto dominó de denuncias. Sin embargo, también hubo mujeres a título particular o apoyadas por sus familias que no dudaron en hacer públicas esas circunstancias, lo que, entre

[33] https://apps2.rae.es/DA.html

[34] Vigil, Mariló: *La vida de las mujeres en los siglos XVI y XVII*. Madrid: Editorial Siglo XXI de España, 1986, p. 216.

[35] Lorenzo Cadarso, Pedro Luis: "Los malos tratos a las mujeres en Castilla en el siglo XVII", *Brocar. Cuadernos de Investigación Histórica*, n.º 15, 1999, p. 122.

[36] Candau Chacón, María Luisa: "Madres e hijas. Familia y honor en la España moderna", *Familias en el Viejo y el Nuevo Mundo* Ofelia Rey Castelao, Pablo Cowen, (eds.), Buenos Aires: Universidad Nacional de la Plata, 2017, p. 188.

muchas consecuencias, trajo su escrituración y, por lo tanto, nos ha permitido tener constancia de aquellos hechos y de la situación de las mujeres en el Antiguo Régimen.

Teniendo en cuenta todo esto, a continuación, se procede a mencionar y explicar las diversas situaciones de violencia y malos tratos que sufrieron las mujeres vascas durante los siglos XVI-XVIII. Para ello, se va a intentar seguir el ciclo de la vida. Así, en primer lugar, el libro se centra en las niñas y en las jóvenes, y en la violencia que sufrieron tanto dentro como fuera del ámbito familiar. Estas mujeres, como se verá, tuvieron una estrecha conexión con el delito de estupro, por lo que muchas fueron víctimas de violaciones mientras que otras perdieron su virginidad y, por lo tanto, el honor propio y el familiar. Además, una consecuencia de ese delito fue su introducción en el mundo de la prostitución. En estos casos, se puede ver que había una violencia física, en la cual el cuerpo femenino era víctima de golpes y una violación, pero también había abusos psicológicos debido a la influencia que conceptos tales como castidad y honor tenían en aquellas centurias. Asimismo, muchas jóvenes trabajaron como criadas, donde también fueron víctimas de violencia y abusos.

A continuación, el interés se centra en los matrimonios. Hubo una multitud de mujeres casadas que fueron víctimas de malos tratos de mano de sus maridos. La documentación habla de abusos físicos con golpes y palizas, pero también de insultos varios y de amenazas de muerte. Además, también hubo despilfarros de las dotes aportadas por las mujeres cuando contrajeron matrimonio, y situaciones de infidelidades. Cabe indicar que muchas esposas solicitaron el divorcio, pero las hubo que no iniciaron proceso alguno, por lo que las fuentes utilizadas para el estudio de los malos tratos sufridos por las esposas vascas han sido distintas. La casuística de violencia más representada en la documentación archivística es, precisamente, la acontecida en el lazo conyugal.

También hubo mujeres que sufrieron violencia en el hogar familiar, pero de mano de sus padres, hermanos, hijastros u otros hombres. Estos abusos podían ser diversos como fueron los golpes, la prostitución, la violación, los insultos o el no abono de rentas y pensiones varias.

Por el contrario, muchas mujeres sufrieron esa violencia fuera del ámbito familiar. La documentación refleja que fue muy habitual los insultos entre los vecinos, pero también los golpes. Además, muchas de estas mujeres fueron víctimas como consecuencia de sus labores profesionales, al ser criadas, taberneras o comadronas.

Asimismo, las mujeres religiosas también fueron víctimas de la violencia. Estamos ante las mujeres que no se casaron con un hombre, sino con Dios, por lo que solían ser conocidas como las esposas de Cristo[37]. No obstante, el espacio sacro no fue garantía alguna de protección frente a situaciones violentas.

Por otra parte, un apartado hace referencia a las mujeres que actuaron de sujeto activo en estas dinámicas de abusos y golpes, y en las cuales tanto otras mujeres, pero también hombres podían ser los sujetos pasivos.

Una vez recogida toda la casuística existente, el foco de atención se pone, por una parte, en realizar un perfil de los sujetos activos, pasivos y su entorno familiar. Y, por otra parte, también se recoge información sobre los espacios en los que tuvieron lugar estas dinámicas violentas y abusivas.

Finalmente, en el apartado de las conclusiones se valorará si el objetivo principal del presente trabajo, es decir, el estudio de la violencia y los malos tratos sufridos por las mujeres vascas durante la Edad Moderna ha sido alcanzado y en qué medida. Además, se incluye un apéndice documental, un mapa y el apartado bibliográfico y archivístico utilizados, junto con la legislación.

[37] Sánchez Hernández, María Leticia: "Las variedades de la experiencia religiosa en las monjas de los siglos XVI y XVII", *Arenal: Revista de historia de las mujeres*, Vol. 5, n.º 1, 1998, p. 88.

CAPÍTULO 2

LAS NIÑAS Y LAS JÓVENES COMO VÍCTIMAS DE LA VIOLENCIA

EL DELITO DE ESTUPRO

Existe una amplia bibliografía en relación a los estudios sobre la infancia y la adolescencia durante el Antiguo Régimen[1]. Estas aportaciones llevan a situaciones de pobreza, marginación, trabajos forzados y orfandad, por lo tanto, a circunstancias muy alejadas del marco actual en el que se encuadran tanto la infancia como la adolescencia. Estas, con frecuencia, eran víctimas de familiares o personas sin escrúpulos, que no dudaron en utilizar la violencia contra ellas.

Un delito que aparece relacionado con habitualidad con este espectro de la sociedad es el del estupro. Como indica Iñaki Bazán, el delito de estupro hacía referencia a una diversidad de situaciones como eran la fornicación, la violación, el adulterio, el incesto, los accesos sexuales con engaño, o las relaciones con mujeres vírgenes[2],

---

[1] Entre otros, Cava López, María Gema: "Economías infantiles: recursos materiales y gestión del patrimonio de los huérfanos extremeños durante la Edad Moderna", *Ohm: Obradoiro de historia moderna*, n.º 8, 1999, pp. 65-98; "La tutela de menores en Extremadura durante la Edad Moderna", *Revista de Historia Moderna: Anales de la Universidad de Alicante*, n.º 18, 1999-2000, pp. 265-288; *Infancia y sociedad en la alta-Extremadura durante el Antiguo Régimen*. Cáceres: Diputación Provincial de Cáceres, 2000. Pérez Álvarez, María José: "La otra infancia en León en el Antiguo Régimen: los niños expósitos", *Población y grupos sociales en el Antiguo Régimen: tradición versus innovación en la España moderna*, Caro Braco, Juan Jesús, Luis Sanz Sampelayo, (coords.). Málaga: Universidad de Málaga, Fundación Española de Historia Moderna, vol. 2, 2009, pp. 1077-1096; *Marginación, infancia y asistencia en la provincia de León a finales del Antiguo Régimen*. León: Servicio de Publicaciones de la Universidad de León, 2008. Ruiz Berrio, Julio: "No una, sino varias infancias: vidas de niños en la España del Antiguo Régimen", *La infancia en la historia: espacios y representaciones* Naya Garmendia, Luis María, Paulí Dávila Balsera, (coords.). Donostia-San Sebastián: Editorial Erein, vol. 2, 2003, pp. 80-92.

[2] Bazán, Iñaki: "El estupro. Sexualidad delictiva en la Baja Edad Media y primera Edad Moderna", *Mélanges de la Casa de Velázquez*, n.º 33, 2003, p. 13.

mientras que Margarita Torremocha, catedrática en la Universidad de Valladolid, menciona los de violación, amancebamiento, trato ilícito o rapto[3]. No obstante, lo que es indudable es que todas estas categorías tenían una evidente connotación sexual. Asimismo, y en relación a las niñas y las jóvenes, los abusos sexuales que solían sufrir quedaban catalogados como estupro[4], es decir, que un mismo delito abarcaba situaciones muy distintas.

Ricardo Córdoba de la Llave, catedrático de Historia Medieval, indicó que la documentación no empleaba el término violación[5] y, después de acceder y emplear documentos de diversos archivos, podemos corroborar esa afirmación, ya que apenas sí aparece. Es más, la documentación manejada refleja que no fue hasta el siglo XIX cuando se empezó a hablar de violación, hecho que coincide con la época de la codificación, es decir, se comenzó a emplear el concepto de violación cuando se tipificó como delito, como se puede leer en los artículos 363-365 del Código Penal de 1848. De esta manera, se cometía violación cuando se yacía con una mujer utilizando la fuerza o la intimidación, si la mujer se hallase privada de razón o de sentido, y si la mujer fuese menor de los 12 años (independientemente de si se cumplían los dos requisitos anteriores o no). A continuación, en los artículos 366-367 se tipificaba el estupro, donde la doncella tendría entre 12 y 23 años e, incluso, se cometía ese delito si ella tenía más de 23 años y el agresor era un familiar[6].

Por lo tanto, en la documentación manejada solo se menciona el delito de estupro, porque el de violación no existía como tal, ya que quedaba abarcado dentro del de estupro. Como indicó Milagros Álvarez Urcelay en su tesis doctoral sobre las transgresiones y la moral sexual en la provincia de Guipúzcoa durante los siglos XVI-XVIII, solían utilizarse conceptos tales como "forzar" o "hacer fuerza" para hacer

---

[3] Torremocha Hernández, Margarita: *El estupro. Delito, mujer y sociedad en el Antiguo Régimen.* Valladolid: Ediciones Universidad de Valladolid, 2018, p. 9.

[4] Mantecón Movellán: "Mujeres forzadas y abusos deshonestos en la Castilla moderna", *op. cit.,* p. 164.

[5] Córdoba de la Llave, Ricardo: "Consideraciones en torno al delito de agresión sexual en la Edad Media", *Clío & Crimen: Revista del Centro de Historia del Crimen de Durango*, n.º 5, 2008, p. 190.

[6] *Código Penal de 1848*, Imprenta Nacional, Madrid, 1848

referencia al acto concreto de la violación[7]. En la documentación manejada también se ha podido leer la palabra daños junto a la de estupro, de donde se puede deducir la referencia a la violación o al daño causado a la mujer, quien había perdido su virginidad. Los siguientes casos acontecidos en Guipúzcoa recogieron el delito de estupro junto con la palabra daños:

Tabla n.º 1: delitos de estupro y daños en Guipúzcoa en el siglo XVIII[8]

Fecha	Localidad	Mujer	Hombre
1733	San Sebastián	María Clara de Echeverría, natural de Labayen	Diego French, irlandés
1739	Zaldivia	Rosalía de Maiz	Martín de Ayestarán
1744	Villabona y Hernani	María Josefa de Echesalto	Francisco de Altuna
1763	Irún	Vicenta de Garate	Juan José de Labate, francés
1769	Oyarzun	Nicolasa de Ibargoyen	Sebastián de Olaricegui
1777	Éibar	Josefa de Osoro	Pedro de Pagoaga
1785	Tolosa	María Juan de Vidaurreta	Bartolomé de Landa, cirujano

Finalmente, cabe indicar que, en el Antiguo Régimen, el castigo más habitual que recibieron los condenados por el delito de estupro fueron las indemnizaciones económicas, cuyo baremo fluctuaba dependiendo de quién era y cuál era la clase social del estuprador[9].

Volviendo al tema de la violencia sobre las niñas y las jóvenes, precisamente, los casos relacionados con esa casuística tuvieron un claro matiz sexual. Por otra parte, el engaño era un elemento significativo del delito de estupro, pudiendo llegar a decir que en el engaño radicaba la esencia misma del delito[10], es decir, sin engaño

[7] Álvarez Urcelay, Milagros: *Transgresiones a la moral sexual y su castigo en Gipuzkoa durante los siglos XVI, XVII y XVIII*. Tesis doctoral, Universidad del País Vasco /Euskal Herriko Unibertsitatea, 2010, p. 8.

[8] AGG: COCRI173,1; COCRI213,9; COCRI240,5; COCRI358,4; COCRI400,3; COCRI420,1; COCRI461,6.

[9] García Andrés, Paulino: "Un caso de estupro en Retortillo (Soria), 1784", *Revista de Folklore. Fundación Joaquín Díaz*, n.º 487, septiembre 2022, pp. 74-75.

[10] Lobo Cabrera, Manuel: "Violencia sexual en Canarias en el siglo XVI: estupro, violación y denuncia falsa", *Revista de Historia moderna: Anales de la Universidad de Alicante*, n.º 39, 2021, p. 344.

no se cometía el delito de estupro. Sin embargo, el problema era concretar en qué consistía el engaño, ya que, junto a este, también solían aparecer mencionadas palabras tales como halagar, seducir, solicitar o prometer en matrimonio[11]. Por lo tanto, daban lugar a diversas circunstancias.

Los archivos están repletos de casos sobre estupro, pero la diversidad a la que hacían referencia dificulta nuestra labor de encontrar casos de efectiva violación sobre niñas y jóvenes, y no el mantenimiento de relaciones sexuales consentidas con una doncella debido a una promesa de matrimonio, que luego se incumplió como sucedió, por ejemplo, entre Francisco Martínez y Petronila González, vecinos de Nanclares de Gamboa y Mendizábal (Álava) respectivamente[12]. Como se ha indicado, el estupro también hacía referencia al simple acto de fornicación consentido entre personas sin vínculo matrimonial alguno, y la circunstancia de embarazos varios reflejan, precisamente, esa casuística, como fueron los casos de María Costola, vecina de Motrico (Guipúzcoa), quién en el año 1571 acusó de estupro al bachiller Juan Miguélez de Laranga y con quien había tenido una hija y un hijo[13], mientras que a finales del siglo XVIII, Manuela de Iturzaeta y Pedro de Elizalde, vecinos de Aya (Guipúzcoa) llegaron a tener dos hijos[14]. Está claro que, independientemente de la centuria, algunas prácticas y delitos continuaron repitiéndose a lo largo del tiempo.

En su momento, Tomás Mantecón recogió ejemplos acontecidos en Madrid y Cantabria con una niña de cinco años y otra de entre once y trece años[15]. En los archivos consultados, solamente se han localizado dos casos. En primer lugar, se encuentra Teresa de Lizarazu, vecina de Zumárraga (Guipúzcoa) quien, en el año 1711 fue violada cuando contaba con nueve años de edad por Juan Bautista de Zumeta y Lascuráin, vecino de Anzuola (Guipúzcoa), quien fue

---

[11] Madrid Cruz, María Dolores: "El arte de la seducción engañosa: algunas consideraciones sobre los delitos de estupro y violación en el Tribunal del Bureo. Siglo XVIII", *Cuadernos de historia del derecho*, n.º 9, 2022, p. 133.

[12] ARChV: Salas de lo Criminal. Caja 1183.0005.

[13] AHPG: 1/2590, F: 42r-43r.

[14] AGG: COCRI481,3.

[15] Mantecón Movellán: "Mujeres forzadas y abusos deshonestos en la Castilla moderna", *op. cit.*, p. 164.

denunciado por José de Lizarazu, padre de la víctima[16]. En segundo lugar, en el año 1728, la Chancillería de Valladolid trató la causa criminal de oficio del fiscal Francisco de Amurrio Murga contra Pablo Rodrigo, por el estupro cometido contra María de Lerín, de diez años de edad, siendo ambos vecinos de Labastida (Álava)[17]. La edad de las dos niñas nos indica que, indudablemente, se trató de casos de violaciones.

Por otra parte, se pueden manejar dos hipótesis ante ese evidente vacío documental: en primer lugar, puede ser que simplemente no se denunciasen esas circunstancias debido a la edad de las víctimas, de ahí su ausencia en la documentación, aunque lo más probable es que los casos que se denunciasen quedasen englobados en los ya mencionados delitos de estupro, lo que dificulta su identificación.

Asimismo, y en relación a las jóvenes, hay que recoger el episodio vivido por Tomasa de Zubiarre, vecina de Elgóibar (Guipúzcoa) quien, en palabras de su padre Bautista de Zubiarre, era "fatua y mentecata" desde niña. El padre acusó a Esteban de Zulaica, soltero mozo y también vecino de Elgoibar, de haber dejado embarazada a la joven engañándola al valerse de su incapacidad mental. Esteban acabó confesando ser sabedor de la incapacidad y falta de juicio de la joven, y la documentación no deja duda alguna que esas circunstancias fueron vistas como un abuso sobre Tomasa[18].

También hay que mencionar las circunstancias vividas por Agustina de Echeverría, vecina de Bilbao. Una mañana del mes de septiembre de 1789, teniendo ella catorce años de edad, estaba frente a una fuente junto al mercado de Bilbao y se le acercó una mujer llamada Teresa; esta le dijo que la acompañase a comprar telas para un delantal, a lo que Agustina accedió. Sin embargo, Teresa la llevó al entresuelo de una casa, donde estaba el taller Bernardo, quien la metió en un cuarto, mientras Teresa cerraba la puerta con llave, y allí él le arrebató la virginidad. Díaz después, Teresa volvió a encontrarse

[16] AGG: COCRI119,4.
[17] ARChV: JUS, 23772.
[18] Álvarez Urcelay, Milagros: *Causando gran escándalo e murmuraçion. Sexualidad transgresora y su castigo en Gipuzkoa durante los siglos XVI, XVII y XVIII*. Vitoria-Gasteiz: Servicio Editorial de la Universidad del País Vasco, 2012, pp. 264-266.

con Agustina, a quien insulto, pero consiguió llevarla de nuevo al taller. Aquí, una vez más, se volvió a repetir la violación[19].

Esta escena encaja perfectamente con el comienzo de muchas jóvenes en el mundo de la prostitución. Patricio Aldama Gamboa, en su tesis doctoral *Sexualidad, escándalo público, y castigo en Bizkaia durante el Antiguo Régimen*, describió el *modus operandi*[20] de las alcahuetas, es decir, de las mujeres maduras que actuaban de intermediarias entre el varón y la mujer solicitada por este, que solía ser una joven virgen. No hay que olvidar la férrea separación de sexos que existía en la sociedad del Antiguo Régimen, la cual impedía la comunicación entre las personas de distintos sexos. Las alcahuetas, sin embargo, al ser mujeres, no tenían ese impedimento y, a través de la mentira y del engaño, lograban que el varón se quedase a solas con la joven, que solía ser víctima de una violación. Después, la joven solía recriminar la actitud a la alcahueta, pero en muchas ocasiones le pedía ayuda debido a su nueva condición, ya que había perdido su virginidad. Así era como entraban en el mundo de la prostitución.

Por lo tanto, podría decirse que, en estos casos, la violencia era doble, ya que, por una parte, sufrían una violación y, por otra parte, muchas jóvenes acababan entrando en el mundo de la prostitución, con las connotaciones de violencia y menosprecio social que este llevaba aparejado a las que ejercían en él.

Asimismo, la documentación refleja la existencia de mujeres embarazadas como consecuencia del delito de estupro, como fueron estos casos guipuzcoanos: en 1794 Josefa Ignacia de Larrañaga, vecina de Azpeitia, acusó a Agustín Casimiro de Aguirre, vecino de Cestona, mientras que, en el año 1799, los protagonistas de este delito fueron María Magdalena de Aramburu, vecina de Bidania, e Ignacio de Iparraguirre, vecino también de Cestona[21].

Cabría preguntarse qué actitud tuvieron los acusados de estupro. Lo habitual fue la negación de tal delito, aunque los hubo quienes

---

[19] AHFB: JCR0019/004.

[20] Aldama Gamboa, Patricio: *Sexualidad, escándalo público y castigo en Bizkaia durante el Antiguo Régimen*. Tesis doctoral, Universidad del País Vacso / Euskal Herriko Unibertistatea, 2015, Tomo I, p. 1126.

[21] AGG: COCRI489,6; COCRI495,12.

lo admitieron y terminaron responsabilizándose, aunque fuera económicamente, como sucedió en Ceberio (Vizcaya), donde en el año 1518 Juan Ortiz de Arandía fue condenado a pagar 11.000 maravedís a Antonia de Ugao[22], mientras que en el año 1541 y en Elgóibar (Guipúzcoa), Domenja de Oliden, entregó una carta de pago a Domingo en Ansola relativa a la indemnización recibida[23]. Es más, muchas veces el dinero que abonaba el agresor era el que se utilizaba como dote matrimonial de la víctima, como fue el caso del macero Juan de Olabarría de Astoaga, quien terminó pagando la dote de María de Olabarría, siendo todos ellos vecinos de Orozco (Vizcaya)[24]. También los hubo quienes terminaron en prisión, como le sucedió a Pedro de Uribarri. Este era criado de Antonio Ugarte Zubiaur, vecino de Amorebieta (Vizcaya), y este último, en el año 1612, requirió a Marina de Larrinaga a que se casase con Pedro, porque fue su acusación de estupro la que le encerró[25]. No se ofrece detalle alguno más pero, cuanto menos, se puede apreciar una más que evidente falta de sensibilidad de Antonio hacia Marina.

Por su parte, Dolores Valverde Lampfús estudió la existencia de niños guipuzcoanos en la inclusa de Pamplona, y menciona la existencia de madres solteras que abandonaron a sus hijos[26]. Considero que es necesario preguntarse cuántos de esos niños que terminaron en la inclusa fueron concebidos durante el acto de violación sufridos por sus madres, es decir, muchas de las mujeres víctimas del delito de estupro.

También nos consta que hubo jóvenes que sufrieron abusos de parte de sus padres, hermanos o primos. Sin embargo, esta casuística será tratada en el apartado de violencia dentro del ámbito familiar.

---

[22] ARChV: Registro de Ejecutorias. Caja 0333.0011.

[23] AHPG: 1/1172, A: 106r-107r.

[24] ARChV: Registro de Ejecutorias. Caja 0864.0012.

[25] AHFB: JCR2670/061.

[26] Valverde Lamsfús, María Dolores: "Los niños expósitos guipuzcoanos en la inclusa de Pamplona en el siglo XVIII", *Bilduma: Revista del Servicio de Archivo del Ayuntamiento de Errenteria / Errenteriako Udal Artxibo Zerbitzuko aldizkaria*, n.º 1, 1987, pp. 111-112.

LAS CRIADAS

Las criadas formaban parte de la familia a la que servían: no pertenecían a ella, pero vivían bajo la misma unidad familiar al ser consideradas agregadas del grupo doméstico[27]. Como señaló Francisco García González, catedrático de Historia Moderna en la Universidad de Castilla la Mancha, era habitual colocar a jóvenes como criadas en otras familias hasta que contrajesen matrimonio[28]. Así, vivían el día a día con los miembros de sangre de la familia a la que servían y conocían todo lo que sucedía dentro de aquellas paredes. Por eso, por ejemplo y como refleja la documentación, solían actuar de testigos en muchos juicios de divorcio.

Por otra parte, y como indica Ricardo Córdoba de la Llave, las criadas vivían en una situación de desamparo social y desarraigo familiar, por lo que en ocasiones fueron objeto de violaciones o de relaciones sexuales ilícitas[29]. La documentación manejada evidencia, precisamente, ese aspecto negativo de sus labores domésticas: el ser víctimas de estupro o de otras situaciones. De esta manera, se pueden mencionar los siguientes casos sucedidos en Vizcaya, en los cuales tanto el agresor como la víctima trabajaban de criados. Así, en el año 1696, Ángela de Isnaga, natural de Amorebieta y residente de Begoña, donde trabajaba, promovió pleito criminal contra Juan de Leguizábal, y natural de Begoña[30]. Por su parte, en el año 1702, Marina de Larrabe, natural de Gatica, actuó criminalmente en contra de Sebastián de Goiri, natural de Deusto[31]. Finalmente, en el año 1797, María de Urquiza, natural de Guernica, promovió autos criminales contra Juan de Otazua, natural de Arrieta y residente en Munguía, no solo por daños de estupro sino también por reconocimiento de prole[32].

---

[27] Franco Rubio, Gloria: "La vivienda en el Antiguo Régimen: de espacio habitante a espacio social". *Chronica Nova*, n.º 35, 2009, p. 92.

[28] García González, Francisco: "Introducción al dossier: el trabajo doméstico y sirvienta en la Europa rural (ss. XVI-XIX). Diversidad de modelos regionales y formas de dependencia", *Mundo Agrario*, vol. 18, n.º 39, 2017, p. 2.

[29] Córdoba de la Llave, Ricardo: "Marginación social y criminalización de las conductas", *Medievalismo*, 13-14 2004, p. 297.

[30] AHFB: JCR0564/009.

[31] AHFB: JCR0549/008.

[32] AHFB: JCR0629/006.

Asimismo, la documentación también habla de comunicación, amistad e, incluso, trato ilícito entre las criadas y los señores de los hogares en los cuales ellas trabajaban. De hecho, las acusaciones de las esposas en sus demandas de divorcio, y los embarazos y partos no dejan duda alguna del tipo comunicación que mantenían. Por ello, a continuación, se recogen diversos ejemplos acontecidos en Guipúzcoa.

TABLA N.º 2 CRIADAS Y MATRIMONIOS EN GUIPÚZCOA

Fecha	Localidad	Esposa	Esposo	Criada
1689	Elgóibar	Catalina de Emasabel	Domingo de Oliden	Anónima
1695	Hernani	Catalina de Sasoeta	Agustín de Zabala	Anónimas
1739	Motrico	María Manuela de Aramendi	José de Eizaguirre y Urteaga	María Antonia de Eguía
1755	Elgóibar	María Ignacia Aizpitarte	Francisco Muguerza	Nicolasa de Arana
1766	Orio	Catalina de Arízaga	Domingo de Beldarráin	Anónima

En el año 1689, Catalina de Emasabel solicitó divorciarse de Domingo de Oliden, siendo ambos vecinos de Elgóibar. En la solicitud, Catalina menciona la amistad que unía al marido con una criada de la casa, la cual había causado escándalo entre los vecinos[33]. Por su parte, Catalina de Sasoeta era vecina de Hernani y, en 1695, expresó su deseo de finalizar su unión matrimonial con Agustín de Zabala, quien trabajaba de médico. Catalina indicó que la trataba asperísimamente tanto de palabra como de obra y, en consecuencia, la había descalabrado hasta sacarle los dientes; además había cometido otros delitos, especialmente el de fornicación con sus criadas[34].

En 1739, María Manuela de Aramendi, residente en Motrico, solicitó el divorcio de su marido, José de Eizaguirre y Urteaga, alegando malos tratos y el trato ilícito de José con María Antonia de Eguía, su criada[35]. Por su parte, otra vez en Elgóibar, pero en el año 1755, María Ignacia Aizpitarte solicitó el divorcio de Francisco

[33] ACC: 27.321.12.
[34] ADP: Secr. Ollo C/988-n.º 2.
[35] ADP: Secr. Villava C/2092-n.º 2.

Muguerza[36], y uno de los motivos alegados fue la comunicación ilícita que este mantuvo con Nicolasa de Arana, criada de la familia. Es más, María Ignacia indica que su marido fue obligado por la justicia a pagar a la criada, lo que nos hace pensar que, utilizando terminología de la propia esposa, de aquella comunicación ilícita nació una criatura. Finalmente, en 1766 y en la villa de la costa de Orio, Catalina de Arízaga comenzó el proceso de divorcio de Domingo de Beldarráin, ya que la criada había confesado que estaba embarazada de 7-8 meses, y que el esposo de la primera era el padre de la criatura que iba a nacer[37].

Aunque se pueda intuir, desconocemos si, en todos estos casos, hubo delito de estupro o no, si las relaciones entre los patrones y las criadas fueron consentidas o no. Sin embargo, no deja de ser evidente la desprotección de estas mujeres en su esfera de trabajo y las consecuencias negativas, como embarazos fuera de matrimonio, que sufrieron muchas de ellas.

---

[36] ACC: 20.147.06.

[37] ADP: Secr. Villava C/2216-n.º 14.

CAPÍTULO 3

LOS MALOS TRATOS EN LOS MATRIMONIOS

INTRODUCCIÓN

La documentación refleja dos tipos de situaciones: altercados y riñas puntuales, pero también circunstancias tan dañinas para las mujeres, que estas terminaron solicitando la finalización de los matrimonios como consecuencia de los malos tratos sufridos a manos de sus cónyuges. Por eso, a continuación y en primer lugar, la atención se centra en las demandas de divorcio presentadas por las esposas, ya que esta casuística, como refleja la existencia de un importante número de documentos, fue muy cuantiosa. De hecho, tendemos a pensar que los matrimonios del pasado eran estables y para toda la vida, lo que contrasta fuertemente con los modelos de pareja del siglo XXI[1]. Sin embargo, aunque sin llegar a las cifras actuales, como refleja la documentación archivística, los divorcios han sido una realidad histórico-jurídica indudable a lo largo de los siglos.

EL DIVORCIO

INTRODUCCIÓN

La investigación en torno al divorcio en centurias del pasado ha despertado el interés de la historiografía, tanto a nivel nacional como internacional. De esta manera, cabe mencionar, entre otros, a María Luisa Candau Chacón, Arturo Morgado, Francisco Javier

[1] Hardwick, Julie: *Family Bussiness. Litigation and the Political Economies of Daily Life in Early Modern France*. Oxford: Oxford University Press, 2009, p. 16.

Lorenzo Pinar, Juncal Campo Guinea, o Juan Luis Arjona Zurera[2], quienes se han centrado en la investigación sobre los divorcios en los siglos XVI-XVIII acaecidos en Sevilla, Córdoba, Cádiz, Zamora, y Navarra. Por su parte, y desde una perspectiva internacional, Andrea Griesebner, Lawrence Stone, Evdoxios Doxiades, o Ninja Bumann[3] han estudiado el divorcio en el mundo católico, pero también en el cristiano ortodoxo y protestante, o musulmán en Europa hasta el siglo XX. Por lo tanto, se puede observar que este fenómeno socio-jurídico ha tenido vigencia en las sociedades en las cuales las dos de las religiones monoteístas principales han estado presentes.

Hay que indicar que el término divorcio de aquellas centurias difería del que se utiliza hoy en día; la diferencia radica en la imposibilidad de volver a contraer matrimonio mientras uno de los cónyuges viviese. Es decir, sería equivalente a nuestra separación actual, ya que no había convivencia alguna entre los esposos, pero el vínculo matrimonial persistía. De hecho, el término utilizado en latín era *quoad thorum et cohabitationem*, es decir, divorcio del lecho y de la cohabitación. Esta era la realidad de los matrimonios cristianos católicos porque en el Concilio de Trento la Iglesia Católica afirmó

---

[2] Candau Chacón, María Luisa: *Entre procesos y pleitos: hombres y mujeres ante la justicia en la Edad Moderna (Arzobispado de Sevilla, siglos XVII y XVIII).* Sevilla: Editorial Universidad de Sevilla, 2020. Morgado, Arturo: "El divorcio en el Cádiz del siglo XVIII", *Trocadero: Revista de historia moderna y contemporánea* n.º 6-7, 1995, pp.125-138. Lorenzo Pinar, Francisco Javier: "La mujer y el tribunal diocesano en Zamora durante el siglo XVI: divorcios y nulidades matrimoniales." *Studia Zamorensia* n.º 3, 1996, pp. 77-88. Campo Guinea, María del Juncal: *Comportamientos matrimoniales en Navarra (siglos XVI-XVII).* Pamplona: Gobierno de Navarra, 1998. Arjona Zurera, Juan Luis: *Mujer y familia en la Edad Moderna. Las causas de divorcio en el Tribunal Eclesiástico de Córdoba*, Tesis doctoral, Universidad de Córdoba, 2016.

[3] Griesebner, Andrea: Consistories | Passau LO and Vienna» Start» Matrimonial Proceedings» Ecclesiastical Jurisdiction (1558–1783)" Main Proceedings, in: Webportal. Marriage at Court 3.0, 2022, <http://ehenvorgericht.univie.ac.at/?page_id=4543&lang=en>. [Date of access: 2022-08-17]. Stone, Lawrence: *Broken Lives. Separation and divorce in England, 1660-1857.* Oxford: Oxford University Press, 1993. Doxiades, Evdoxios: "Ous o Theos Synezeuxen, Anthropos me Chorizeto. State, Church, and Divorce from the Ottoman Empire to the Modern Greek State", *L' Homme*, Vol. 31, n.º 1, 2020, pp.35-52. Bumann, Ninja: "Ehe und Scheidung nach der Scharia. Schariagerichtsakten aus dem habsburgischen Bosnien-Herzegowina (1878-1918)", *L' Homme* vol. 31, n.º 1, 2020, pp. 105-109.

la indisolubilidad absoluta del matrimonio[4], por lo que el divorcio no rompía el lazo de unión matrimonial. No hay que olvidar que la Iglesia Católica consideraba que el divorcio era "detestable y causa de todas las desgracias y corrupciones de los tiempos modernos"[5]. Por lo tanto, solamente el fallecimiento de uno de los cónyuges posibilitaba al otro cónyuge volver a casarse.

Sin embargo, también es posible leer la utilización del vocablo separación; en estos casos, se trataba de una realidad donde la pareja (o uno de los cónyuges) había decidido vivir fuera del hogar familiar, pero sin que mediase oficialidad jurídica alguna. De hecho, tenemos constancia de esas coyunturas por denuncias y presiones de los fiscales de los obispos para que esas parejas volvieran a convivir y, era entonces, cuando muchas mujeres solían solicitar el divorcio.

La base documental del presente trabajo son las solicitudes de divorcios y separaciones alegadas por la población alavesa, guipuzcoana y vizcaínas ante los obispos de Calahorra y de Pamplona. Hay que indicar que, entre los años 1553 y 1797, se interpusieron casi 200 demandas de divorcio.

En primer lugar, cabría preguntarse por qué hay que trasladarse a esas dos localidades y la respuesta es sencilla: en términos eclesiásticos, y como ya se ha indicado, los tres territorios históricos vascos pertenecían a las diócesis de Calahorra y de Pamplona: casi toda Álava, toda Vizcaya excepto la zona oriental, y el oeste de Guipúzcoa quedaban albergadas dentro de la diócesis calagurritana, mientras que en la de Pamplona se encontraba el resto de la provincia guipuzcoana.

Además, por otra parte, otra pregunta a plantearse sería los motivos existentes para acudir a archivos de la Iglesia, concretamente a las diócesis eclesiásticas, para encontrar pleitos y sentencias sobre divorcios. La respuesta es sencilla: la legislación de la época concedía esa prerrogativa al clero, concretamente a los obispos. De esta manera, hay que mencionar al rey Alfonso X el Sabio (1252-1284), el cual,

[4] Brugger, Eugene Christian: *The indissolubility of marriage and the Council of Trent.* Washington D.C.: Catholic University of American Press, 2017, p. 146.

[5] Fauve-Chamoux, Antoinette: "El matrimonio, la viudedad y el divorcio". *Historia de la familia europea* (Barbagli, Marzio, David I. Kertzer, coord.). Barcelona: Paidós Iberia, 2004, p. 367.

según José Antonio Escudero, catedrático de Historia del Derecho, está considerado la aportación hispánica más brillante de la Historia Universal del Derecho[6]. Fue su obra las *Siete Partidas*, concretamente en la Partica Cuarta, Título X, Ley VII la que determinó que sería el obispo el que concediese el divorcio[7]. Además, en el año 1564 el monarca Felipe II aceptó la legislación tridentina; por lo tanto, todo lo relacionado con el matrimonio era remitido a la legislación canónica. Esa decisión fue recogida por la Real Cédula de 12 de julio de 1564, la cual, posteriormente, fue incluida en la *Nueva Recopilación* de 1567 y en la *Novísima Recopilación* de 1805[8]. Por lo tanto, se trata de divorcios canónicos en los cuales la sentencia era dictada por el obispo, en este caso los de Calahorra y Pamplona. Además, las partes tenían la posibilidad de recurrir esas sentencias, siendo la instancia de apelación el arzobispo de Burgos[9].

La documentación manejada permite ver cuál era el procedimiento a seguir en estas solicitudes[10]. En primer lugar, un procurador de la Audiencia del obispo[11] interponía la demanda de divorcio. Se desconoce si la mujer personalmente o alguien en su nombre (probablemente, el sacerdote de su localidad originaria) se había puesto en contacto con el procurador, es decir, se desconoce cómo este último

---

[6] Escudero, José Antonio: *Curso de Historia del Derecho. Fuentes e instituciones político-administrativas*. Madrid: Autor Editor, 1985, p. 442.

[7] *Siete Partidas*, Partida Cuarta, Título X, Ley VII.

[8] Rodríguez Ortiz, Victoria: "La disolución del vínculo conyugal y otras formas de separación entre los cónyuges en la historia del Derecho castellano", *Anuario de Historia del Derecho Español*, n.º 77, 2007, p. 669.

[9] Como consecuencia de la guerra de Independencia (1808-1814), esa documentación del Archivo de la Diócesis de Burgos se ha perdido y, por lo tanto, no se ha podido utilizar en este trabajo. Además, también hay que indicar que la parte occidental de Vizcaya formaba parte de esta diócesis y no de la de Calahorra, por lo que tampoco se tiene constancia de hipotéticas demandas de divorcio iniciadas por individuos de las localidades de esa zona.

[10] Además, Antonio Gil Ambrona recogió la estructuración de estos procesos judiciales. Gil Ambrona, Antonio: "Las mujeres bajo la jurisdicción eclesiástica: pleitos matrimoniales en la Barcelona de los siglos XVI y XVII". *Nuevas preguntas, nuevas miradas: fuentes y documentación para la historia de las mujeres (siglos XIII-XVIII)*, Birriel Salcedo, Margarita María, (coord.). Granada: Universidad de Granada, 1992, pp. 113-138.

[11] Estas eran algunas identidades de esos procuradores que trabajaban en Calahorra: Martín Carpintero de Ybarra, Diego Mateo Pedroso, Juan Bautista de Villar, Francisco Pérez de Mediano, Gabriel Pérez de Baños. Por su parte, de Pamplona se puede mencionar a Sancho de Yturrioz o a Joan de Murillo.

tenía constancia de los deseos de las esposas de dar por finalizados sus matrimonios. Este paso es conocido como la suplicación. Cabe indicar que muchas mujeres vascas de aquellas centurias solamente hablaban *euskera*, por lo que, en esos casos, sin duda alguna fue otra persona la que, en lengua castellana, se puso en contacto con el procurador. Por ejemplo, en el año 1742, Josefa de Aldecoa, vecina de Deusto (Vizcaya) indicó en lengua vascongada que quería divorciarse[12], por lo que se entiende que el sacerdote o el escribano se encargaría de las tareas de traducción[13].

Los documentos manejados reflejan que, a la hora de solicitar el divorcio, la mayoría de las demandas eran interpuestas por mujeres vascas, quienes siempre alegaban malos tratos físicos y/o verbales. Esta realidad también era vivida en otras zonas, como fueron las de Cádiz, Cataluña, Córdoba, Coria, Huelva, Pamplona, Sevilla y Zamora[14]. Es más, esta dinámica también se repitió a nivel internacional[15].

Una vez interpuesta la demanda, la esposa era "secuestrada", es decir, llevada fuera del hogar familiar, porque ahí vivía con su esposo, al que había acusado, siguiendo el léxico de la época, de "malos tratamientos". Entonces, la mujer tenía dos opciones: refugiarse en casa de familiares y/o conocidos mientras tuviera lugar el proceso judicial, o habitar en conventos femeninos de clausura de la zona.

---

[12] ACC: 20.234.29.

[13] Intxaustegi Jauregi, Nere Jone: Escribanos *y escribanías en el Señorío de Vizcaya durante la Edad Moderna*, Marcial Pons, Madrid, 2021, pp. 147-151.

[14] Morgado, Arturo: "El divorcio en el Cádiz del siglo XVIII", *Trocadero. Revista de historia moderna y contemporánea*, n.º 6-7, 1995, p. 127; Costa, Maria: "El divorci a la Catalunya de l'Antic Règim: un fenomem femeni", *Butlletí de la Societat Catalana d'Estudis Històrics* n.º 19, 2008, p. 183; Arjona Zurera, Juan Luis: *Mujer y familia en la Edad Moderna. Las causas de di vorcio en el Tribunal Eclesiástico de Córdoba*. Tesis doctoral, Universidad de Córdoba, 2016, p. 24; Pérez Muñoz, Isabel: *Pecar, delinquir y castigar: el Tribunal Eclesiástico de Coria en los siglos XVI y XVII*. Cáceres: Institución cultural El Brocense, 1992, p. 53; Macías Domínguez, Alonso Manuel, María Luisa Candau Chacón: "Matrimonios y conflictos: abandono, divorcio y nulidad eclesiástica en la Audiencia moderna (Arzobispado de Sevilla, siglo XVIII)", *Revista complutense de historia de América* n.º 42, 2016, p. 126; Campo Guinea, María del Juncal: *Comportamientos matrimoniales en Navarra (siglos XVI-XVII)*. Pamplona: Gobierno de Navarra, 1998, p. 120; Lorenzo Pinar, Francisco Javier: "La mujer y el tribunal diocesano en Zamora durante el siglo XVI: divorcios y nulidades matrimoniales", *Studia Zamorensia* n.º 3, 1996, p. 77.

[15] Dávila Mendoza, Dora Teresa: *Hasta que la muerte nos separe. El divorcio eclesiástico en el arzobispado de México, 1702-1800*. Tesis doctoral, El Colegio de México. Centro de Estudios Históricos, 1998.

Las hubo quienes encontraron cobijo con familiares y/o conocidos, aunque también fue bastante habitual entre las solicitantes vascas la opción conventual[16], pudiendo ser mencionados los conventos de La Esperanza de Bilbao o el de San Bartolomé de San Sebastián, siendo ambos de la orden agustina.

A continuación, el otro cónyuge recibía la notificación de la demanda de divorcio interpuesta por su pareja. Igualmente, también le llegaba información sobre el juicio que tendría lugar ante el sacerdote de la localidad donde habitaban, y donde estaría presente alguien en representación del obispado, frecuentemente el fiscal. Además, la presencia de este último refleja que estos procesos se llevaban a cabo en lengua castellana, por lo que fue muy frecuente que hubiera partes y/o sus testigos que necesitaran traducciones a "lengua bascongada", como fue el caso del proceso entre Francisca Unibaso y Lucas Ugarte, quien contó con la presencia del fiscal y, en consecuencia, el escribano debió realizar tareas de traductor[17]. Como ya se ha indicado anteriormente, esta cuestión lingüística aparece mencionada en diversos procesos.

Volviendo a la notificación de las demandas, hay que decir que muchos de los esposos, como fue el caso de Sebastián Roque de Rementería en Bilbao o Pedro de Arana en la localidad vizcaína de Deusto[18] recibieron esta información cuando estaban en la prisión, a donde habían sido enviados por orden del corregidor como consecuencia del escándalo público provocado por los malos tratos a sus esposas. El hecho de que los maridos estuviesen en la cárcel refleja que eran reincidentes[19], es decir, que ya había habido ofensas previas.

[16] Intxaustegi Jauregi, Nere Jone: "Conventos. Refugio de mujeres divorciadas tras el Concilio de Trento". *Avisos de Viena* n.º 4 /7, 2022, pp. 8-13.

[17] ACC: 20.151.02. Más información sobre las labores de traducción e interpretación de los escribanos vascos: Intxaustegi Jauregi, Nere Jone: "Communication and Translation in Early Modern Basque Society. The Role Prayed by the Public Notaries". *Communication, Translation, and Community in the Middle Ages and Early Modern Period: New Socio-Economic Perspectives* [Classen, Albrecht, ed.]. Berlín: Fundamentals of Medieval and Early Modern Culture 6, Walter de Gruyter, 2022, pp. 379-392.

[18] AHFB: JCR0506/002, JCR0002/021.

[19] Duñaiturria Laguarda, Alicia: "El maltrato a las mujeres en el siglo XVIII", *Clío & Crimen. Revista del Centro de Historia del Crimen de Durango*, n.º 12, 2015, p. 96.

En ese juicio, cada parte presentaba testigos. Lo habitual, por parte de la mujer, fue la participación de criadas y médicos/cirujanos como testigos: las primeras porque tenían constancia de todo lo que sucedía en los hogares en los que servían[20] y los segundos porque habían atendido a las esposas después de las escenas violentas sufridas a manos de los esposos. A continuación, después de presentarse y de dar sus datos personales y profesionales, todos ellos respondían a las mismas preguntas.

En estos juicios, además, salía a relucir que muchas esposas habían hablado con sus párrocos, quienes siempre habían abogado por la continuidad del matrimonio y, en más de una ocasión, habían logrado que las esposas retirasen solicitudes de divorcio, como fue el caso de Manuela de Landazuri, vecina de Larrimbe (Álava) y el sacerdote Antonio de Ysasi, a quien ella le habló del incesto de su marido con su madre (la suegra de Manuela)[21]. Esas conversaciones eran habituales ya que, como indican Alberto Angulo Morales e Iker Etxeberria Ayllón, la familia, los amigos y las autoridades, tantos las civiles como las eclesiásticas, siempre cercaban cualquier situación de desavenencia conyugal que esta pudiera atacar la paz pública, ya que el objetivo principal era evitar males mayores en la familia y la comunidad[22]. Es decir, no se dudaba de acallar cualquier situación de malos tratos, fuesen estos físicos, verbales o psicológicos, que se pudiera sufrir en un matrimonio en aras a evitar escándalos públicos.

Finalmente, y una vez obtenida toda la información, los obispos dictaban sentencia otorgando o no el divorcio. Cabe indicar que la sentencia solo recogía la decisión final del obispo, no había explicación ni elaboración alguna sobre hechos ni fundamentos jurídicos;

---

[20] Al respecto, más información en Intxaustegi Jauregi, Nere Jone: "Adulterio, honor y divorcio. Las criadas en los Territorios Históricos Vascos en el siglo XVIII", *Actas de la XVII Reunión Científica de la Fundación Española de Historia Moderna*, Vitoria-Gasteiz, 2024. A nivel internacional: Rieder-Zagkla, Stephanie: "… die Magd kam aus dem Hause noch vor ihrer Entbindung. Narrationen über Dienstmägde in Scheidungsakten zwischen 1800 und 1867", *Österreichische Zeitschrift für Geschichtswissenschaften* n.º 33/3, 2022, pp. 193-205.

[21] ACC: 20.148.11.

[22] Ángulo Morales, Alberto, Iker Etxeberria Ayllón: "Honor y reputación. Los procesos de divorcio en la sociedad vasconavarra del Setecientos", *Clío & Crimen. Revista del Centro de Historia del Crimen de Durango*, n.º 13, 2016, p. 193.

simplemente se indicaba si el demandante había probado o no su motivación. Lo habitual fue que, si se había mostrado sevicia, es decir, que había habido malos tratos de obra y de palabra, el obispo accediese a la concesión del divorcio, pero nada estaba garantizado.

MALOS TRATOS FÍSICOS Y VERBALES

El trato cruel y la sevicia, tanto de obra como de palabra, es decir, físico y verbal, eran el principal motivo por el cual el Derecho canónico aceptaba el fin de la convivencia conyugal. Sin embargo, no hay que olvidar la existencia de la corrección marital, es decir, un tipo de violencia contra las mujeres de la Baja Edad Media permitida, aceptada y practicada[23]. Por lo tanto, ¿dónde estaba el límite? ¿cuál era el punto de no retorno, donde la violencia y los malos tratos ya no podían ser tolerados? Como refleja la documentación, se llegaba al límite cuando la mujer estaba a punto de fallecer como consecuencia de la sevicia, cuando la violencia y los malos tratos eran excesivos, cuando ya no solo "corregían" sino que ponían en peligro la vida de una persona.

No hay que olvidar la exaltación de la virtuosidad femenina, el deber de sumisión de la mujer al hombre, la connatural inferioridad intelectual femenina, o la doble moral sexual, ideales que también estuvieron en vigor durante el siglo XIX[24]. Por eso, se entendía que la mujer debía estar subordinada al marido y, por lo tanto, obedecerle; debía comportarse con modestia y prudencia, y dirigir su actividad a los intereses masculinos[25]. Ese era el perfil idóneo de mujer de aquellas centurias y, el no cumplimiento de esos principios era visto como un desacato a la autoridad del marido. Y, eso era precisamente

---

[23] García Herrero, María del Carmen: "La marital corrección: un tipo de violencia aceptado en la Baja Edad Media", *Clío & Crimen. Revista del Centro de Historia del Crimen de Durango*, n.º 5, 2008, p. 41.

[24] Ten Doménech, Mercedes: "Condición jurídica de las españolas en el siglo XIX: una discriminación oficializada", *Cuadernos de Historia del Derecho*, n.º 28, 2021, p. 175.

[25] Lacarra Sanz, Eukene: "El peor enemigo es el enemigo en casa. Violencia de género en la literatura medieval", *Clío & Crimen. Revista del Centro de Historia del Crimen de Durango*, n.º 5, 2008, p. 244.

lo que muchos maridos declararon en los juicios, que sus mujeres no sabían comportarse como se esperaba de una esposa.

En relación al uso de la violencia y los malos tratos realizados, las solicitudes son ricas en detalles y se recogen descripciones de situaciones extremas en las que los maridos, utilizando sus manos o instrumentos varios, como palos, dagas o espadas, golpeaban el rostro de sus esposas, además de pegarlas también por todo el cuerpo, mientras se pronunciaban insultos, vejaciones, desprecios, amenazas de muerte, etc. Es decir, los malos tratamientos eran corporales, pero también verbales. Como indica Jesús Usunáriz, la agresión verbal era más sutil y menos visible y apreciable en el entorno social[26], pero no por ello inexistente.

Es más, con frecuencia, las hostilidades verbales contra las esposas tenían connotaciones de carácter sexual, ya que la agresión más grave que podía recibir una mujer estaba relacionada con el honor femenino, por lo que los insultos solían hacer referencia a su honestidad y recato[27]. Como indicó en su momento Arturo Morgado, los insultos más utilizados fueron los de "puta" y "arrastrada"[28], y el matiz sexual es más que evidente. De hecho, María Antonia de Isasi, vecina de Murga (Álava), indicó que su marido (Manuel de Orueta) solía llamarla puta y bruja[29]. Además, para que un insulto realmente ofendiese, el factor esencial es que fuera dicho en público[30], es decir, que hubiese testigos del menosprecio recibido.

Gracias a toda esta casuística en torno a los insultos se puede ver cuál era el sistema de valores de una sociedad. De esta manera, se puede apreciar que, en aquellas centurias, la honradez y la honestidad sexual estaban consideradas como los valores más apreciados

---

26 Usunáriz Garayoa, Jesús María: "La violencia verbal entre marido y mujer en los siglos XVI y XVII", *Melisendra. Journal of Spanish Early Modernity Studies*, n.º 1, 2019, p. 70.

27 Iglesias Estepa, Raquel: "Violencia física y verbal en la Galicia de finales del Antiguo Régimen", *Semanata: Ciencias sociais e humanidades*, n.º 19, 2008, p. 139.

28 Morgado: "El divorcio en el Cádiz del siglo XVIII", *op. cit*, p. 130.

29 ACC: 20.148.08.

30 Grande Pascual, Andrea: "El delito de injurias en la documentación procesal vizcaína a finales del Antiguo Régimen (1766-1841)", *Clío & Crimen. Revista del Centro de Historia del Crimen de Durango*, n.º 13, 2016, p. 218.

porque, precisamente, los insultos más habituales estaban orientados a su fulminación[31].

Muchas veces, las escenas de malos tratos domésticos comenzaban cuando ellas estaban durmiendo y, en otras situaciones, hay casos donde las mujeres eran encerradas en la casa o en el balcón, o se les impedía la entrada a la casa al anochecer. Lo habitual era que estos sucesos ocurriesen durante la noche. Además, en multitud de ocasiones se menciona la tendencia repetitiva a embriagarse con vino que tenían los esposos, lo que les incitaba a gritar y, era tal el escándalo público que se producía que hubo familiares, criadas y vecinos que tuvieron que intervenir. En consecuencia y, como ya se ha indicado, hubo maridos que terminaron presos en las cárceles públicas. A continuación, recogemos una serie de ejemplos[32].

En Álava, los procesos que se conservan son del siglo XVIII, habiendo uno del XVII y ninguno del XVI. Así, en el año 1693 y en la ciudad de Vitoria, Úrsula de Arraga quiso obtener el divorcio de su marido, Juan de San Juan, a quien acusó de aborrecerla sin haberle dado ella motivo alguno. Hablaba de una crueldad desmedida, de repetidos golpes en todo su cuerpo utilizando palos y otros instrumentos, y cómo ella enfermó gravemente como consecuencia de esos malos tratos. Él había estado en la cárcel en más de una ocasión y, si los vecinos no lo hubiesen impedido, él habría podido cumplir sus amenazas de muerte[33].

También en Vitoria, pero en el siglo XVIII, fue enviado a la cárcel Domingo de Álava y Álvarez de Bustamante y Esquivel, quien fue acusado de violencia por su esposa Dorotea Urbina Isunza y Gaviria. Estamos ante un matrimonio que perteneció a la alta sociedad vitoriana de aquella época, pero aquella circunstancia no impidió

---

[31] Grande Pascual, Andrea: "Violencia y sociedad. Principales causas de agresión en Vizcaya a finales del Antiguo Régimen". *Mundo hispánico: cultura, arte y sociedad*, Lobato Fernández, Abel, Esperanza de la Reyes Aguilar, (coords.). León: Universidad de León, 2019. p. 124.

[32] Para Vizcaya, hay más casos en: Intxaustegi Jauregi, Nere Jone: "Violencia y malos tratos en los matrimonios (Vizcaya, siglos XVII-XVIII)", *Clio & Crimen. Revista del Centro de Historia del Crimen de Durango*, n.º 19, 2022, pp. 155-171.

[33] ACC: 27.723.19.

que ella pusiese en conocimiento del gobernador del Consejo el comportamiento del marido, que era "entraño e irregular modo en su parte, pues la trataba con la maior sevicia, aspereza y crueldad assi en palabras como en obras"[34]. Al respecto, me gustaría señalar que, lo habitual, fue que las mujeres buscasen consuelo y cobijo en casas de sus familias o junto al clero, pero no fue habitual el dirigirse directamente a un cargo público y denunciar los malos tratos sufridos en el hogar. Similar a este de Dorotea fue el caso de Elvira Rodríguez, vecina de Ourense en el siglo XV quien, tras ser apuñalada por su esposo, acudió a casa del regidor y juez, Pero López de Barrera[35]. Ambas dieron a conocer de una manera muy pública parte de su vida íntima, pero no eran circunstancias muy habituales, al menos, en la documentación manejada.

Por su parte, como se puede leer en el fondo documental de Pamplona, es posible leer casos de violencia y malos tratos acontecidos en el territorio guipuzcoano desde el siglo XVI. De esta manera, en el año 1553, Ana de Vicuña, señora de la casa solar de Vicuña en Azpeitia, solicitó el divorcio de su marido Nicolás de Elola a causa de las sevicias y malos tratos[36]. El siglo XVII también fue testigo de procesos de divorcio iniciados por guipuzcoanas, quienes alegaban malos tratos. Así, a comienzos de la centuria, el fiscal acusó al matrimonio guipuzcoano formado por Martín de Baztambide y Domicuza de Yturregui, vecinos de la costera villa de Guetaria, de no hacer vida comunal, y la esposa se defendió mencionando la sevicia, la violencia y el trato cruel al que le sometía su marido[37], mientras que en el año 1612 María Joan de Altuna, vecina de Tolosa, dijo que no podía habitar con su marido, Miguel López de Tapia, sin poner en peligro su vida. Este se había mostrado áspero y tenía una terrible condición desde poco tiempo después de haberse casado, ya que la había querido matar con una daga mientras que en otra ocasión la tuvo encerrada en un

---

[34] ACC: 20.145.25.

[35] Pallarés Méndez, María del Carmen: "Conciencia y resistencia: la denuncia de la agresión masculina en la Galicia del siglo XV", *Arenal: Revista de historia de las mujeres*, vol. 2, n.º 1, 1995, p. 74.

[36] ADP: Secr. Cascante. C/34-n.º 12.

[37] ADP: Secr. Garro C/230-n.º 4.

caserío durante meses sin permitirle salir, ni siquiera para ir a misa, hecho que le hizo sentir como si fuera su esclava[38].

San Sebastián, la capital de la provincia, también sirvió de escenario. Así, en el año 1617, Catalina de Laplaza acusó a su marido, Tomás de Albiz, que era soldado del presidio de la ciudad, de sevicias físicas y morales. Es más, indicó que su vida correría peligro si cohabitaba con él, ya que había rumores de que sometió a idénticos malos tratos a su primera esposa[39]. Por su parte, en 1644, María Laurencia de Sigueira, natural de Portugal y residente en la capital guipuzcoana, comenzó un proceso de divorcio contra su marido Manuel de Fonseca, quien era capitán de la Armada de Su Majestad. Para ello, alegó malos tratos y crueldades que había sufrido durante los dos meses que llevaban casados:

> en diferentes ocasiones la requerido matar metiendo mano a su espada y poniendosela a los pechos y otras tirandole con el cuchillo de la mesa… a tenido arriesgada su vida y la amenacado que la a de matar siendo como es hombre colerico y de fuerte condicion… abra dieciocho dias poco mas o menos que trayendola de la villa de Vilbao a la de San Sebastian donde residen dio orden en el Lugar de Sassiola a una negra suya para que la diera veneno y es cierto que si no se separan executara en ella sus intentos y la a de matar mayormte"[40].

También en Tolosa, pero en el año 1726, Teresa de Arsuaga, acusó a su marido, Pedro González de Portizos, quien era natural de Galicia, de amenazas de muerte, injurias y violencia física[41].

Finalmente, el primer expediente de divorcio vizcaíno data del año 1657 y narra las vicisitudes acontecidas entre Baltasar de Balsarrate y María Gregoria de Ybargüen, vecinos de Bilbao. La mujer indicó que él "cada ynstante está haciendo actiones temerarias amenazándola la ha de matar y solo ubiera executado a no haber selo ympedido

[38] ADP: Secr. Marichalar C/477-n.º 40.
[39] ADP: Secr, Ollo. C/675-n.º 20.
[40] ADP: Secr. Treviño C/384-n.º 4
[41] ADP: Secr. Villanueca C/1774-n.º 4.

algunas personas como mexor parecer"[42]. También en Bilbao, pero en el año 1721, Antonia Ventura Iturriaga solicitó el divorcio a Antonio Urquiza por su crueldad, por el maltrato de palabra y obra, y casi quitarle la vida en más de una ocasión utilizando palos y pistolas. Había muchas noches en las que ella no podía dormir, ya que tenía que hacer de centinela, y en otras ocasiones, se marchaba a casa de vecinos buscando refugio, ya que el marido la tenía atemorizada. Una noche, Antonia estaba en casa de María de Domica, viuda y vecina, y el marido no dudó en disparar a la puerta para poder entrar; como los ruidos alertaron a los vecinos, estos acudieron a socorrer a las dos mujeres, y la esposa pudo escapar y refugiarse en casa de otros vecinos.[43] Por su parte, en el año 1793, María Josefa de Emaldi, vecina de la localidad rural de Ceánuri, solicitó el divorcio de su esposo, Tomás de Aguirre[44]. La esposa presentó testigos, quienes corroboraron la violencia sufrida por esta. Por ejemplo, en una ocasión, fue atendida por Santiago de Alcíbar, quien era cirujano y sangrador, porque tenía marcas en la espalda y en los brazos, de donde le brotaba mucha sangre; Santiago le preguntó por esas heridas, y María Josefa le contestó que eran consecuencia de los golpes del marido, quien además estuvo presente mientras ella era atendida.

Hemos recogido ejemplos de violencia física, pero también hubo casos de amenazas de muerte, vejaciones, injurias e insultos, los cuales serían otro prototipo de malos tratos. De esta manera, en el pueblo alavés de Izoria, María de Urquijo se negaba a convivir con su marido, Manuel de Yarritu[45]. Según se puede leer en la documentación, la esposa decía que él se dedicaba a la vida viciosa y libre, entregándose al juego y a las borracheras de vino, y que sus ausencias solían durar, días o semanas, incluso meses. Cuando volvía al hogar, se dedicaba a comer, beber, y dormir, pero también a maldecir y blasfemar a su mujer e hija, quienes vivían atemorizadas.

En Guipúzcoa también hubo varios ejemplos de amenazas de muerte, como fueron los casos de Francisca de Aramburu contra

[42] ACC: 27.139.07.
[43] ACC: 20.234.05.
[44] ACC: 20.145.13.
[45] ACC: 20.167.04.

su marido Gracián de Urbieta, vecinos de Cestona, Martín de Elorriaga y su mujer María Manuela de Burgos, vecinos de San Sebastián, o Ana María de Samatelu y Julián Mas, vecinos también de San Sebastián[46]. Por ejemplo, en el caso de estos últimos, según Ana María, su marido no solo la amenazaba con matarla, sino que le decía que, al día siguiente de su fallecimiento, se volvería a casar. Cabe apreciar que, además de la amenaza de muerte y todo lo que ello lleva implícito, había otro maltrato psicológico al señalarle lo fácilmente reemplazable que era Ana María para su esposo.

Por su parte, Francisca de Arana y Olarzal, vecina de la localidad vizcaína de Ceberio[47], solicitó divorciarse de Domingo de Chavarría, y los testigos que aportó dijeron que el marido tenía una espada en la cabecera de la cama y que le habían visto amenazar de muerte a Francisca y a sus hijos con un cuchillo. En Orozco, también en Vizcaya, Josefa Urraza declaró que su esposo Pedro de Pagazaurtundua, le había dado mala vida durante los doce años que duró su matrimonio. Por una parte, no solo había habido golpes y malos tratos, sino que también amenazas de muerte a ella y a los hijos; por otra parte, con un hacha le había roto vestidos y, además, había vendido otros. Asimismo, la sacaba de casa a la noche y la dejaba fuera sin permitirle entrar, y, finalmente, les hacía pasar hambre tanto a ella como a sus hijos[48].

Por lo tanto, se han visto casos de malos tratos de obra y de palabra. Además, las solicitudes también solían recoger casos de adulterio, amancebamiento, contagio de enfermedades venéreas, y/o existencia de hijos extramatrimoniales, como se explica a continuación. Estas circunstancias acentuaban y, en muchas ocasiones, provocaban episodios de malos tratos.

Antes de continuar con la siguiente sección, cabría preguntarse hasta qué punto todas esas declaraciones de malos tratos fueron veraces tal cual se describieron o si, por el contrario, se dio alguna exageración de los hechos. En ningún momento se quiere poner en

---

[46] ADP: Secr. Treviño C/106-n.º 16; Secr. Echalecu C/1395-n.º 1; Secr. Echalecu C/1428-n.º 2.

[47] ACC: 27.227.18.

[48] ACC: 20.146.06.

duda la veracidad de aquellas descripciones ni, mucho menos, los malos tratos padecidos por aquellas mujeres. Sin embargo y, después de la lectura de tantos expedientes con los detalles escalofriantes que muchos de ellos aportan, es una pregunta conveniente de plantearse; es más, distintas investigadoras, como lo son Julie Hardwick o María del Juncal Campo Guinea[49], también han llegado a esa misma conclusión. Esta última, por ejemplo, indica que el hecho de que las partes estuvieras representadas por procuradores ante el Tribunal refleja que pudiera haber existido un "filtro intermedio y deformante", conocedor de los entresijos de los procesos y del derecho y que, en consecuencia, utilizaron sus conocimientos para realizar un discurso utilitario[50]. Por lo tanto, no hay que descartar la hipótesis de que existiese un modelo de discurso a seguir, de ahí que, durante siglos, las mujeres supiesen qué decir y que hubiese tantísimas similitudes en casos presentados por distintas mujeres y con diferentes trasfondos sociales, geográficos y familiares.

ADULTERIO Y AMANCEBAMIENTO

Estamos ante dos delitos penados por la legislación de la época y cuya base es la no fidelidad conyugal, la cual es mencionada frecuentemente en la documentación manejada. No hay que perder de perspectiva que solían ser los padres de los futuros cónyuges los que asumían los trámites de buscar y elegir pretendientes, y se encargaban de los trámites matrimoniales[51].

Esta realidad contrastaba con las resoluciones aprobadas y adoptadas en el Concilio de Trento, donde se subrayó la importancia del consentimiento individual, como condición esencial para un matrimonio. Cabe indicar que la existencia necesaria del consentimiento ya existía en la época medieval, pero su reiteración refleja lo poco

[49] Hardwick, Julie: "Early Modern Perspectives on the Long History of Domestic Violence: The Case of Seventeenth-Century France", *The Journal of Modern History*, vol. 78, n.º 1, March, 2006, p. 8.

[50] Campo Guinea: *Comportamientos matrimoniales en Navarra, opus. cit.*, pp.142-143.

[51] Macías Domínguez, Alonso Manuel: *El matrimonio, espacio de conflictos: incumplimiento de palabra, divorcio y nulidad en la archidiócesis hispalense durante el siglo XVIII*. Tesis doctoral, Universidad de Huelva, 2014, p. 233.

que era tenido en cuenta en el día a día. Según la Iglesia, la futura pareja debía consentir el matrimonio para que este fuera válido; para eso, el consentimiento debía manifestarse mediante palabras u otros signos externos, debía corresponder también con el consentimiento interno de cada persona, y debía ser libre, sin coacción ni violencia sobre la voluntad del contrayente[52]. Sin embargo, fueron muchas las que se casaron obligadas, como fue el caso de Mariana de Aldaco, vecina de San Sebastián, quien en 1622 declaró que había contraído matrimonio presionada por las amenazas de sus padres y de toda su familia[53], o Magdalena González de Artaza, vecina de Ondategui en Álava, quien tras veintiséis años de matrimonio con Miguel Gochico, en los cuales este le había roto el brazo, además de causarle heridas en la cabeza y por todo el cuerpo, terminó solicitando el divorcio en el año 1729, alegando que se casó en contra de su voluntad[54].

Volviendo a los progenitores, la documentación refleja el peso de los padres en los matrimonios de sus hijos. Es más, las pragmáticas de 1776 y 1803 de los reyes Carlos III y Carlos IV establecían la imperiosa necesidad del consentimiento paterno para poder contraer matrimonio[55]. No hay que olvidar que las familias invertían muchos esfuerzos en las bodas, ya que esperaban obtener buenas alianzas y mejores pactos[56]. Por lo tanto, no hay duda alguna de la influencia de los padres en materia matrimonial de sus vástagos y, ante estos matrimonios de conveniencia, los sentimientos de la futura pareja no eran tenidos en cuenta. Precisamente, un resultado directo de esos hábitos fue el adulterio, es decir, la relación íntima y personal de uno de los cónyuges con otra persona ajena al vínculo matrimonial. La Iglesia era consciente de esa realidad, ya que tampoco olvidaba en subrayar la obligada direccionalidad del sexo hacia la obtención

---

[52] Campo Guinea, María del Juncal: "La fuerza, el otro lado de la voluntad. El matrimonio en Navarra en los siglos XVI-XVII", *Gerónimo de Ustariz,* n.º 11, 1995, pp. 71-73.
[53] ADP: Secr. Ollo. C/647-n.º 4.
[54] ACC: 20.151.13.
[55] Ruiz Sastre, Marta, María Luisa Candau Chacón: "El noviazgo en la España moderna y la importancia de la palabra. Tradición y conflicto", *Studia historica. Historia moderna,* vol. 38, n.º 2, 2016, p. 84.
[56] Morant Deusa, Isabel: "El hombre y la mujer en el discurso del matrimonio". *Familias: historia de la sociedad española (del final de la Edad Media a nuestros días),* Chacón Jiménez, Francisco, Joan Bestard Comas, (coords.). Madrid: Cátedra, 2011, p. 445.

de una descendencia legítima dentro del matrimonio criticando, en consecuencia, el pecado de la lujuria[57].

Los delitos de adulterio y amancebamiento tienen una naturaleza mixta, ya que están esencialmente relacionados con los delitos sexuales, pero también con los de familia al atentar contra la misma[58]. En ambos casos, la infidelidad, es decir, la ruptura del voto matrimonial de la fidelidad al cónyuge no se cumple y es la base del delito. Por su parte, la duración de esa relación o encuentros extramatrimoniales son lo que marca la diferencia entre ambos delitos: en el amancebamiento, la relación con la amancebada es duradera y estable en el tiempo, coyuntura que no se da en el adulterio. Además, en un ámbito procesal, los esposos solo podían ser acusados de amancebamiento, mientras que las mujeres podían serlo de ambos delitos[59].

La documentación menciona estos delitos frecuentemente; no obstante, eso no indica que las infidelidades estuvieran bien vistas y aceptadas por la sociedad del Antiguo Régimen. Como recoge la legislación, se trataba, precisamente, de todo lo contrario. Lo que sí hubo fue una cierta tolerancia social hacia las infidelidades de los esposos[60]. Es más, como indica Enrique Gacto Fernández, catedrático de Historia del Derecho, el adulterio del varón casado era contemplado en menos ordenamientos jurídicos que cuando la protagonista era la esposa, y el castigo se limitaba a una sanción de naturaleza económica[61]. Así, no ha de sorprender que los documentos de la época reflejen, precisamente, esa indulgencia y benevolencia hacia el adulterio masculino. Se puede ver esa transigencia en el hecho de que las mujeres aludían a esas prácticas de sus esposos, pero estas nunca

[57] Pascua Sánchez, María José de la: "De la calle a la alcoba. Efectos y cultura del amor", *Andalucía en la Historia*, n.º 44, 2014, p. 30.

[58] Vaello Esquedo, Esperanza: *Los delitos de adulterio y amancebamiento*. Barcelona: J.M. Bosch Editor, 1976, p. 17.

[59] Torremocha Hernández, Margarita: "El amancebamiento del casado: el adulterio masculino que sí se castiga en los tribunales (s. XVIII)", *Matrimonio, estrategia y conflicto: (ss. XVI-XIX)*, Torremocha Hernández, Margarita (coord.), Salamanca: Servicio de Publicaciones de la Universidad de Salamanca, 2020, p. 144.

[60] Chacón Jiménez, Francisco, Josefina Méndez Vázquez: "Miradas sobre el matrimonio en la España del último tercio del siglo XVIII", *Cuadernos de Historia Moderna*, n.º 32, 2007, p. 77.

[61] Gacto Fernández, Enrique: "La filiación no legítima en la Historia del Derecho Español", *Anuario de historia del derecho español*, n.º 41, 1971, p. 916.

eran el motivo principal en sus demandas de divorcio que, como ya se ha indicado, solían ser la violencia y los malos tratos recibidos. Es decir, se sabía que una demanda basada solamente en el adulterio del marido tenía un recorrido breve en cualquier tribunal de la época.

Por su parte, cabe añadir que, en las peticiones masculinas, el adulterio de las esposas sí era considerado un motivo de peso, ya que, para los hombres, su orgullo (y ego) sí había sido dañado y, en muchas ocasiones, se podía llegar a poner en duda la paternidad de la descendencia, de ahí que en las *Siete Partidas* se diga que "del adulterio della puede venir al marido gran daño... vernia el fijo estraño"[62].

Por lo tanto, la no fidelidad conyugal es mencionada con mucha frecuencia a lo largo de la documentación. Es más, ambos cónyuges la citan, aunque con una intención distinta: las mujeres como una humillación pública a la que eran sometidas por sus esposos, mientras que estos para justificar la violencia utilizada contra ellas. No hay que olvidar el protagonismo que conceptos tales como honor y honra tuvieron en aquellas centurias, de ahí la ofensa y deshonra que suponía el adulterio porque solía acabar siendo conocido por los vecinos de la comunidad.

De esta manera, en el año 1744, Francisca Unibaso, vecina de Baquio, que es una localidad vizcaína de la costa, solicitó el divorcio alegando que su marido, Lucas Ugarte, era cruel y adúltero[63]. No se menciona la identidad de la otra mujer porque también estaba casada, y con esa omisión en la identificación pública se quería respetar ese matrimonio; de hecho, esa no mención de la otra parte que participaba en el adulterio fue una práctica bastante frecuente, aunque no total[64]. Sin embargo, las declaraciones de la propia Francisca y de los testigos aportados por ella no dejan duda alguna; así, ella dijo que llevaban casados seis años y que, durante todo ese tiempo, Lucas había vivido amancebado con la mujer. Es decir, que

[62] *Siete Partidas*, Partida Séptima, Título XVII, Ley I.

[63] ACC: 20.151.02.

[64] Torremocha, Margarita: "La prostitución a través de la justicia penal: definición y control de la moral sexual en la Edad Moderna", *Comercio y cultura en la Edad Moderna: Actas de la XIII Reunión Científica de la Fundación Española de Historia Moderna*, Iglesias Rodríguez, Juan José, Rafael M. Pérez García, Manuel Francisco Fernández Chaves, (coords.), Sevilla: Editorial Universidad de Sevilla, 2015, p. 1465.

la relación adúltera ya existía cuando Francisca y Lucas contrajeron matrimonio. Asimismo, los testigos corroboraron ese discurso; por ejemplo, María de Landa narró que los había visto frecuentemente juntos y hablando por la localidad y, en otras ocasiones, a solas en parajes solitarios y sospechosos o, directamente, en casa del uno o de la otra. Era un trato continuo y censurado por todos los vecinos y, como consecuencia del mismo, Lucas ya había sido reprendido por ello e, incluso, había estado en la cárcel de Logroño por orden del obispo de Calahorra. Es más, el marido amenazaba constantemente a Francisca con quitarle la vida y, en una ocasión, junto con la mujer amancebada había agarrado a la esposa y con violencia la habían sentado en la lumbre, dejándole las partes traseras quemadas. Es decir, los malos tratos que sufrió Francisca no fueron ocasionados solamente por su esposo, sino que este contó con la ayuda de la tercera mujer en discordia.

Por otra parte, María Susana de Larrinaga Arrazola, vecina de Bilbao, solicitó el divorcio de su marido Sebastián Roque de Rementería Aspiunza y, en la documentación, es posible leer cómo "el marido era aficionado a la criada". Concretamente, con motivo de las fiestas de San Sebastián, se celebraron corridas de toros en el mes de agosto en la ciudad, a las cuales asistió el matrimonio. Además, Susana y Sebastián también estuvieron presentes en la romería, y aprovecharon su estancia en la provincia guipuzcoana para visitar Loyola, localidad natal de san Ignacio de Loyola. En total, estuvieron un mes fuera del hogar bilbaíno, tiempo en el que no estuvieron solos, ya que gozaron de la compañía de un capellán y de la criada, con la que el marido siempre hablaba mientras María Susana disimulaba[65]. Es decir, utilizando términos actuales, el marido se llevó a la amante en las vacaciones que tuvo con su esposa, a quien dejaba en compañía del sacerdote. De hecho, la documentación menciona a bastantes criadas como "la otra". Sin embargo, muchas esposas, aun teniendo constancia de esa coyuntura adúltera, fueron incapaces de detallar si fueron encuentros ocasionales o si existió una relación duradera en el tiempo. De hecho, como indica María José Collantes

[65] AHFB: JCR3147/017.

de Terán de la Hera, aun habiendo sospechas e indicios, lo difícil era probar esos encuentros[66].

En Guipúzcoa se pueden encontrar bastantes ejemplos de acusaciones a maridos de ser adúlteros. Así, están los matrimonios formados por Nicolás de Elola y Ana de Vicuña, vecinos de Azpeitia a mediados del siglo XVI, Miguel Sáez de Goyaz y María Joan de Presa, que vivieron en San Sebastián a comienzos del siglo XVII, o los también vecinos de San Sebastián, el capitán Pedro de Arámburu y Marina de Aguirre[67].

En el caso de estos últimos, por ejemplo, el capitán Pedro de Arámburu, vecino de San Sebastián, mencionó que Marina había abandonado sus deberes conyugales y se había separado de él; es más, relató que ella había inducido a terceras personas a que lo matasen. Ella, por el contrario, acusó al marido no solo de infidelidad, sino que además vivía con otra mujer lo que significaba que se trataba de una infidelidad continua en el tiempo y, por lo tanto, de amancebamiento.

Es más, múltiples esposas de Guipúzcoa denunciaron las relaciones que sus maridos habían mantenido con las criadas del hogar. De esta manera, en el año 1689 en la localidad de Elgóibar, Catalina de Emasabel solicitó el divorcio de Domingo de Oliden, aludiendo a la amistad que existía entre su marido y una criada de la casa, la cual había causado escándalo entre los vecinos[68]. En segundo lugar, en el año 1695 y en Hernani, Catalina de Sasoeta, al comenzar la demanda de divorcio de su esposo Agustín de Zabala, narró el tratamiento áspero que recibía de su marido, quien también había cometido el delito de fornicación con las criadas[69]. Por su parte, en el siglo XVIII también se dieron otros casos similares, como se puede ver en el matrimonio formado por María Manuela de Aramendi y José de Eizaguirre y Urteaga, vecinos de Motrico; la primera acusó al segundo no solo de malos tratos sino también de trato ilícito con la criada

---

66 Collantes de Terán de la Hera, María José: "Algunas consideraciones sobre el delito de adulterio: un proceso a finales del siglo XVIII", *Cuadernos de Historia del Derecho* n.º 20, 2013, p. 334.

67 ADP: Secr. Cascante C/34-n.º 12; Secr. Garro C/166-n.º 5; Secr. Mazo C/559-n.º 24.

68 ACC: 27.321.12.

69 ADP: Secr. Ollo C/988-n.º 2.

María Antonia de Eguía, su criada[70]. Otra vez en Elgóibar, pero en el año 1755, María Ignacia Aizpitarte solicitó el divorcio de Francisco Muguerza[71], a quien acusó de mantener una comunicación ilícita con la criada Nicolasa de Arana. Finalmente, Catalina de Areizaga, acusó a su marido, Domingo de Belderráin, de mantener relaciones íntimas con la criada, cuestión confirmada por esta última[72].

ENFERMEDADES VENÉREAS

Una de las consecuencias directas y que probaba la existencia del adulterio era el contagio de enfermedades venéreas. Muchas esposas realizaron declaraciones, las cuales fueron avaladas por médicos y cirujanos, según las cuales, se habían contagiado de alguna enfermedad de transmisión sexual, mientras que otras concretaron que esas enfermedades eran el morbo gálico o la sarna. En todos los casos se señalaba como responsable del contagio de las enfermedades a los respectivos maridos, como consecuencia de sus prácticas adúlteras.

El morbo gálico, también conocido como el mal francés o la sífilis, planteó grandes dificultades a los profesionales del mundo sanitario de la Edad Moderna que se debieron enfrentar a esa enfermedad. Un ejemplo de esas dificultades es la variedad de nombres que recibió o la abundante literatura que se generó en torno a esta enfermedad[73]. El cuerpo de los que se contagiaban solía quedarse afectado con manifestaciones cutáneas, como pápulas y pústulas, con tumores o hinchazones en la garganta, con inflamaciones de los ojos y con cáusticos o fuentes en las extremidades superiores[74]. Es decir, se trataba de una enfermedad cuyos síntomas eran bien

---

70 ADP: Secr. Villava C/2092-n.º 2.

71 ACC: 20.147.06.

72 ADP: Secr. Villava C/2214-n.º 14.

73 Pérez Ibáñez, María Jesús: "Galli Vocant Istvm Morbvm Morbvm eius civivs est. Otra designación para el mal francés", *Asclepio. Revista de Historia de la Medicina y de la Ciencia*, vol. LXn n.º 1, enero-junio, 2008, p. 268.

74 Celis Valderrama, Nicolás: "El morbo gálico (sífilis) en la época colonial tardía: la tensión entre la moralidad jurídico-religiosa y la racionalidad higienista: el caso de la esclava Petrona. Santiago de Chile 1806-1808", *Revista de Historia Social y de las Mentalidades*, año 17, vol. 2, 2013, p. 77.

visibles e imposible de esconderlos ante aquella sociedad, en la cual las apariencias tenían tanto peso.

Por su parte, la sarna, también conocida como escabiosis o picor de campo, es una dermatosis parasitaria que fue muy frecuente en el mundo occidental. Circunstancias tales como la promiscuidad sexual o las malas condiciones higiénicas son factores de riesgo, y la manifestación más habitual suele ser el picor en las zonas interdigitales, muñecas, codos, axilas, zona periumbilical, pelvis o nalgas[75]. Una vez más, se trata de una enfermedad con efectos visibles.

A continuación, se recogen también situaciones de adulterio que no han sido mencionadas en el apartado anterior. La decisión ha sido tomada en base a la mención del contagio de enfermedades en estos casos, circunstancia no recogida en toda la documentación que menciona el adulterio de los esposos.

Así, tras unos trece años de matrimonio, en el año 1659, la vizcaína Antonia de Cortázar, vecina de Durango, acusó a su marido Domingo de Guisasa y Coscojales de tratarla mal continuamente, tanto de palabra como de obra, con bofetadas y palos, y amenazas de muerte con daga y/o espada. Además, en la acusación también se puede leer que, según Antonia, Domingo trataba con otras mujeres, a quienes llevaba a su propia casa. Esta acusación se basaba en el hecho de que ella enfermó de morbo gálico y que Antonia indicó que fue Domingo quien se lo pegó; además, añadió que su esposo se había negado a que la atendiesen los médicos[76]. Por su parte, en Abadiano, cerca de Durango, pero en el año 1778, la vecina María Antonia de Lazpitagoyazcoa dijo que, en la última temporada, ella había estado en el hospital de Burgos curándose la enfermedad de gálico que le había contagiado su esposo, Juan de Isundegui, a quien también acusó de propinarle golpes y patadas[77].

Por otra parte, María Antonia de Isasi, vecina de la localidad alavesa de Murga, comenzó los trámites de divorcio en el año 1769 y en ellos acusó a su marido Manuel Orueta de sevicia, crueldad y rigor,

[75] Campillos Páez, M. T., S. Causín Serrano *et al.*: "Dermatología. Escabiosis: revisión y actualización", *MEDIFAM*, n.º 12, 2002, pp. 443-444.

[76] ACC: 27.298.04.

[77] ACC: 20.234.50.

de golpearla hasta herirla de tal manera que, como consecuencia de una tizonada que le dio en el rostro, no solo tuvo que recurrir a los santos sacramentos, sino que también mandó hacer su testamento. Además, había recibido amenazas de quitarle la vida, y la insultaba constantemente. Finalmente, María Antonia declaró que él iba mucho a Madrid, donde hacía vida licenciosa, por lo que le había contagiado alguna enfermedad de transmisión sexual[78]. También en Álava, pero en Vitoria y en el año 1773, María Concepción de Sarria acusó de malos tratos a su marido, Manuel Tiburcio Castejón. Además, indicó que su marido solía viajar con frecuencia a Cádiz por motivos profesionales, pero que no sería extraño que llegase contagiado de gálico, ya que eso era lo habitual[79].

La guipuzcoana Catalina de Areizaga, a quien ya se ha mencionado y volverá a ser mencionada y con mayor detalle en el próximo apartado, acusó a su marido, llamado Domingo de Belderráin, de padecer una sarna incurable. Concretamente, ella indicó que "mi marido tiene una sarna de mala calidad y contagiosa tal, que los artifices le tienen ordenado aq tome agua de sarra por cuios motivos tengo echa separacion formal y hepuesto demanda" [80]. Tal descripción no deja duda alguna de la vida licenciosa que Domingo de Belderráin tenía o, al menos, había tenido.

HIJOS EXTRAMATRIMONIALES

Otra de las consecuencias de los delitos de adulterio y amancebamiento era la existencia de hijos nacidos producto de esos encuentros. Los diversos ordenamientos jurídicos de la península ibérica legislaron en torno a esta descendencia, y su situación solía ser de absoluto desamparo, ya que eran privados de la sucesión intestada, y tampoco solían ser considerados hermanos por los hijos legítimos o familiares por los parientes más próximos[81]. En relación a la mu-

[78] ACC: 20.148.08.
[79] ACC: 20.150.08.
[80] ADP: Secr. Villava C/2214-n.º 14.
[81] Gacto Fernández: "La filiación no legítima en la Historia del Derecho español", *op. cit.*, p. 934.

jer legítima, esta descendencia era vista como un insulto para su orgullo de esposa. Es más, como se puede leer en la documentación, lo que les solía doler a esas mujeres era que la existencia de esos hijos hacía innegables las relaciones extramatrimoniales de sus esposos, ya que esos niños eran la prueba irrefutable de las infidelidades de sus maridos. Es decir, se puede percibir que hubo mujeres que mantuvieron una cierta laxitud ante el adulterio y/o amancebamiento de sus maridos, porque siempre se podía negar, achacar a meros y simples rumores, o simplemente, hacer la vista gorda, pero esos nacimientos visibilizaban una realidad irrefutable.

En Abadiano (Vizcaya) vivía el matrimonio formado por Vicente Arteaga Gurtubay y María Rosa Pasqualgoa, quien en 1756 solicitó el divorcio alegando un trato muy cruel, mediante golpes y amenazas de muerte, y la existencia de una relación adúltera, con una criatura de por medio[82]. Múltiples testigos mencionaron las relaciones íntimas que el marido mantenía con Paula de Mendía, su prima y vecina de la localidad cercana de Axpe; además, esta había tenido dos partos y había confesado que Vicente era el padre, mientras que este se defendía negando serlo, y decía que un fraile o una persona de posición privilegiada ostentaban tal paternidad.

También en Vizcaya, pero en la costa, vivían Gaspar Guizaburuaga Alegría y Manuela Echevarría Urazandi, vecinos de Lequeitio. En el año 1776, ella solicitó el divorcio; sin embargo, como consecuencia de las presiones del cura de la villa, quien le subrayó la necesidad de tolerar y transigir en la medida de lo posible por el bien de la convivencia conyugal, acabó cejando en su empeño; sin embargo, esa pausa fue temporal, ya que Manuela reinició el proceso de divorcio en enero de 1783, cuando tuvo constancia de la existencia de una hija extramatrimonial. Concretamente, en noviembre de 1782, Domingo de Lastarria, presbítero, cura y beneficiado de las iglesias unidas de la villa de Bermeo, bautizó a una niña que recibió el nombre de Mariana, quien era hija natural del marido y Josefa de Tellechea[83]. En la solicitud de divorcio, Manuel Antonio de Huerto, en nombre

[82] ACC: 20.150.06.
[83] ACC: 20.222.12.

de la esposa, denunció no solo los malos tratos, sino también la vida escandalosa de Gaspar, quien no solo vivía públicamente amancebado con Josefa, sino que había permitido que la hija que había nacido fruto de aquella relación extramatrimonial llevase su apellido, hecho que fue visto como una afrenta para el honor de la esposa.

La costa guipuzcoana también es testigo del nacimiento de hijos producto del adulterio cometido por diversos esposos. De esta manera, en el año 1766, la ya mencionada Catalina de Areizaga, vecina de Orio que contaba en esos momentos con unos sesenta años de edad aproximadamente y era hija del difunto Antonio de Arizaga, almirante general de las Reales Armadas, acusó a su marido (Domingo de Belderráin) de tal aspereza y crueldad, que era imposible convivir con él. De hecho, indica que solamente la trató bien debido a las expectativas que tenía puestas en las remesas que su hermano Manuel Ignacio de Areizaga, residente en Puerto Rico, le enviaba. Además, añadió que Domingo era el padre de la criatura que la criada del hogar había tenido, paternidad que fue corroborada por la propia sirvienta[84].

Estos críos reflejaban que los maridos no habían cumplido con el voto matrimonial de la fidelidad, y las mujeres los veían como una ofensa y afrenta a su honor y orgullo de esposas. Por lo tanto, no dejaría de ser otro tipo de maltrato al que fueron sometidas por sus esposos.

FALLECIMIENTO DE LAS ESPOSAS

Las esposas narran capítulos de gran violencia, y los testigos corroboran la existencia de heridas de tal severidad que, en muchas ocasiones, se temió por las vidas de las mujeres. Por ejemplo, María Antonio de Isasi, vecina de Murga, en el interior de Álava, había sufrido sevicia, crueldad y golpes durante los quince años que duró el matrimonio con Manuel de Orueta y, algunos episodios de violencia llegaron a tales extremos que, como ya se ha mencionado, de resulta de una tizonada que le dio en el rostro, la esposa tuvo que

[84] ADP: Secr. Villava C/2214-n.º 14.

recurrir a los santos sacramentos y mandar hacer su testamento y sus últimas disposiciones[85].

No obstante, nos es posible leer esas narraciones, precisamente, porque ellas estaban vivas; es decir, las amenazas de arrebatarles la vida no habían sido ejecutadas ni las heridas sufridas habían terminado con sus vidas. O, como indica María José de la Pascua Sánchez, esos malos tratos pudieron ser intentos frustrados de asesinatos[86], es decir, que el objetivo de las acciones violentas de los maridos era el fallecimiento de sus esposas, pero no lo lograron, por lo que esos episodios quedaron registrados como meros malos tratos, aunque el objetivo podría haber sido otro muy distinto, hecho denunciado por muchas esposas, quienes no dudaron en denunciar las amenazas de muerte que muchos de sus maridos les proferían. Al respecto, hay que indicar que solamente se ha podido encontrar un caso en el cual la esposa había fallecido, y fue la abuela materna quien inició el pleito contra el marido, circunstancias gracias a la cual se recogen las situaciones de violencia y malos tratos sufridos por la esposa[87].

Ese suceso nos trasporta al San Sebastián del año 1665, cuando el capitán Antonio Ruiz de Salas, con vestimentas de mujer viuda, asesinó utilizando una pistola a su esposa Ángela de Eleizalde tras misa en la iglesia de los jesuitas de la ciudad[88]. La documentación recoge cómo, ya antes de casarse, él había robado dinero y joyas de la que luego sería su esposa y, tras abandonarla en un camino, marchó hacia Badajoz, pero fue apresado y enviado a la cárcel de Zumárraga (Guipúzcoa). Tiempo después se casaron, pero la volvió a abandonar, llevándose además muchos de sus bienes. Después de unos años alejado del hogar familiar, Antonio volvió a San Sebastián y, disfrazado con vestimentas femeninas (incluido un velo que le cubría el rostro), esperó a que su esposa saliese de misa y la mató alevosamente de un pistoletazo,

[85] ACC: 20.148. 08.

[86] Pascua Sánchez, María José de la: "A la sombra de hombres ausentes: mujeres malcasadas en el mundo hispánico del Setecientos", *Studia historica. Historia moderna*, vol. 38, n.º 2, 2016, p. 271.

[87] Más información en Intxaustegi Jauregi, Nere Jone: "Abuelas defendiendo a sus nietas: un caso de asesinato en el San Sebastián del siglo XVII", *Avisos de Viena* 5 (8/2023), pp. 34-42.

[88] ADP: Secr. Echalecu C/1240-n.º 8.

refugiándose después en la iglesia de la Compañía de Jesús. Antonio alegó que su mujer le había sido infiel en su ausencia. En su defensa también se recoge que, mientras Antonio estuvo ausente, el padre del mismo, Miguel Ruiz de Salas, le quitó a Ángela 240 reales y, en otra ocasión, le pidió 400 ducados de plata, aunque ella se negó a entregarle cantidad alguna. Miguel solía tratarla muy mal de palabra llamándola puerca y diciendo que era una mala mujer.

Tanto el marido como su padre justificaron su actitud alegando que Ángela se divertía y vivía licenciosamente, producto del cual llegó a haber un embarazo en su ausencia, hecho negado en todo momento por la familia de la fallecida.

Por lo tanto, nos encontramos ante un caso donde la esposa no solo sufrió humillaciones y robos, sino que, tras años separados, fue asesinada de un disparo por su propio esposo, al que no veía desde hacía años.

VIOLENCIA DENTRO DEL MATRIMONIO, PERO SIN DIVORCIO

Todos estos ejemplos de solicitudes de divorcio permiten ver lo normalizado que estuvieron la violencia y los malos tratos en los matrimonios de la Edad Moderna. No obstante, hay que matizar que solo se han citado algunos de los casos que llegaron a los tribunales de los obispados, lo que significa que pudo haber muchos otros casos de violencia y malos tratos, pero que jamás fueron tratados en las audiencias de Calahorra ni de Pamplona porque nunca se llegaron a interponer demandas de divorcio. Como la documentación de otros archivos demuestra, esta reflexión es totalmente acertada, ya que los archivos locales, pero también la Chancillería de Valladolid, albergan documentos que describen situaciones de violencia y malos tratos sufridos por las esposas, las que, sin embargo, nunca llegaron a comenzar los trámites de divorcio, por lo que, como ya se ha indicado, las audiencias de los obispados no tuvieron constancia de esas circunstancias caracterizadas por los abusos y la brutalidad.

Por lo tanto, a pesar de los modelos ideales del matrimonio que imperaban en aquella sociedad, con casos concretos donde se llegaba a hablar de "una feliz amistad" e, incluso, de amor profundo, lo habitual fue un alto grado de violencia conyugal como resultado de las relaciones de dependencia y de subordinación que estaban establecidas entre los maridos y las mujeres[89]. Sin embargo, hay que indicar que, precisamente, hubo maridos que no sintieron tener autoridad alguna en el hogar, de ahí el uso de la violencia para recuperar ese dominio[90].

Al respecto, la documentación de los archivos no puede ser más clara. Así, los siguientes tres ejemplos vizcaínos, que se albergan en el Archivo Histórico Foral de Bizkaia, en Bilbao, no dejan duda alguna sobre esa violencia y malos tratos sufrida por las esposas, las cuales, sin embargo, no iniciaron pleito alguno de divorcio. Así, en el año 1673, Feliciana Ventura de Zornoza y Ormaeche, apoyada por su madre Josefa de Ormaeche y Recalde y siendo ambas vecinas de Bilbao, promovió autos criminales contra su marido, Pedro Ibáñez de Arecheta y Otuna, quien era vecino de la localidad costera de Mundaca, por malos tratos. Además, también reclamaba una pensión de manutención para los alimentos de los hijos del matrimonio, y denunció el amancebamiento público que su marido mantenía con Josefa de Puerto, natural de Abando[91], localidad rural y vecina a Bilbao. Como se puede ver en los libros de matrimonio del Archivo Histórico Eclesiástico de Bizkaia, la pareja se casó en mayo de 1668 en la iglesia de los Santos Juanes de Bilbao[92] y tuvo dos hijos: Pedro Ignacio nacido en 1669 y José Antonio en 1671[93]. Pero, es más, estando casado, Pedro tuvo una hija extramatrimonial llamada Josefa, cuya madre fue María Sáez Mauruola y Urresti, vecina de la localidad vizcaína de Munguía[94], por lo tanto, una mujer distinta a la identificada por su esposa legítima como la amancebada. Sin

[89] López Cordón, María Victoria: "Familia, sexo y género en la España moderna", *Studia histórica. Historia moderna*, n.º 18, 1998, p. 125.

[90] Ortega López, Margarita: "La práctica judicial en las causas matrimoniales de la sociedad española del siglo XVIII", *Espacio, tiempo y forma. Serie IV. Historia moderna*, n.º 12, 1999, p. 282.

[91] AHFB: JCR2683/005

[92] AHEB: 38773.

[93] AHEB: 1073792, 1075355.

[94] AHEB: 1189656

embargo, en el año 1677 continúan casados, ya que Pedro actuó de apoderado de Feliciana en un contrato de compraventa[95].

Por su parte, en el año 1785, el corregidor promovió autos criminales de oficio contra Cristóbal y Francisco de Donagaray, padre e hijo respectivamente y vecinos de la localidad del interior de Vizcaya, Mallavia, por varios hurtos y malos tratos a María de Astarloa, mujer de Francisco, y vecina de la misma localidad[96]. Cabe decir que la pareja apenas llevaba un año casada, ya que contrajeron matrimonio en 1784[97]. Este caso es muy similar al matrimonio formado por Alejandro Sota y María Manuela Bárbara, vecinos de Bilbao, quienes contrajeron matrimonio en diciembre de 1773 y, al de pocas semanas, ella ya estaba solicitando el divorcio debido a los malos tratos sufridos a manos de su marido, además de su costumbre de embriagarse, los alborotos constantes mantenidos, y los insultos lanzados por el esposo. Además, el padre y suegro, Martín de Sota, ayudaba a su hijo en esa actitud, ya que solían embriagarse juntos, y solía tener un trato obsceno y lascivo hacia su nuera[98]. Por lo tanto, en estos dos casos no solo hubo malos tratos de parte de los maridos, sino que también se dio la participación en esas escenas de sus padres, es decir, de los suegros de las mujeres. Por el contrario, la diferencia entre ambas situaciones radica en que, en este último caso, la esposa sí inició los trámites de divorcio, por lo que esta información ha sido encontrada en el archivo de Calahorra.

Finalmente, también se podría mencionar a Juan Antonio de Solaegui, vecino de Bilbao, quien en el año 1793 comenzó un pleito criminal contra su yerno Bernardo de la Ballena, por los malos tratos a los que había sometido María Vicenta, hija del primero y esposa del segundo. Es más, Juan Antonio indica que su hija era la segunda esposa de Bernardo, y que este había seguido las mismas pautas de maltrato que había tenido con su primera esposa[99]. Este caso sirve para ver que hubo familias en las que pusieron a las mujeres

[95] AHFB: JCR0843/019.
[96] AHFB: JCR0727/012.
[97] AHEB: 133122.
[98] ACC: 20.145.04.
[99] AHFB: JCR0368/021.

por delante "del que dirán" de los vecinos; en este caso, un padre defendiendo a su hija.

La provincia alavesa también fue testigo de casos de malos tratos y violencia dentro del ámbito del matrimonio que, sin embargo, no terminaron en la audiencia del obispo de Calahorra, ya que no medió demanda de divorcio alguna. De esta manera, por ejemplo, se puede mencionar a Rafael de Gorosarri, quien en el año 1794[100], fue acusado de malos tratos a su mujer María Jesús Vélez de Mendizábal, con quien se había casado en 1783 en Arroyabe (Álava)[101]. Por su parte, en Guipúzcoa se puede mencionar el caso de Pedro de Amiano, vecino de Segura, contra quien hubo autos de oficio realizados por el corregidor, por los malos tratos sufridos por su esposa[102].

Por su parte, el archivo de la Chancillería de Valladolid también alberga casos y ejemplos de malos tratos sufridos por las mujeres vascas a manos de sus maridos. De esta manera, poniendo la atención en la provincia guipuzcoana se pueden mencionar los siguientes dos ejemplos. En 1626, Domingo de Murguía Elgueazábal, carnicero y vecino de Elgóibar fue apercibido por el fiscal del rey por los malos tratos propinados a su esposa[103], mientras que, en el siglo XVIII, concretamente, en el año 1783, Miguel de Unsalo, sombrerero y vecino de Tolosa, fue apercibido por los malos tratos ocasionados a su esposa; es más, constan las amenazas de muerte que esta recibía, además del escándalo público que suponía el comportamiento de Miguel[104].

También es posible encontrar sucesos ocurridos en Álava, como sucedió entre Juan Bautista de Laguardia, vecino de Elciego, acusado y condenado por los malos tratos de obra y palabra cometidos sobre Ángela de Eguíluz, su esposa[105].

Como se puede observar, el número de casos de malos tratos presentados en este apartado no es excesivo y más, al realizar una comparación con la sección anterior. La razón detrás de este "desierto documental" es evidente: las mujeres no denunciaban los malos

[100] ATHA: DAH-FVER-042-022.
[101] AHDV: 153769
[102] AGG: COCRI250,7.
[103] ARChV: Sala de Vizcaya. Caja 4223.0008.
[104] ARChV: Sala de lo Criminal. Caja 1196.0005.
[105] ARChV: Causas Secretas. Caja 23, 2.

tratos porque los recibían de las personas con las que cohabitaban. Es decir, que solamente se atrevieron a denunciarlos en las demandas de divorcio, cuando sabían o, al menos, esperaban que la convivencia con su maltratador cesase. Denunciar esas circunstancias de abusos físicos y verbales cuando se sabía que la cohabitación con el marido continuaría sería, nada más y menos, que kamikaze, ya que se estaría alentando y acentuando esa brutalidad doméstica.

Por lo tanto, y tal y como indica Tomás Mantecón, la violencia marital ofrece una imagen más oscura que otros crímenes porque los valores vigentes en aquella época, la intimidación, la inhibición o, incluso, el marco legal, influían en que las mujeres no se acercasen a las esferas de la justicia a demandar a los agresores[106]. Los hombres eran el *pater familias*, es decir, la familia estaba bajo la autoridad del esposo y, en consecuencia, lo más acertado era no oponerse a él y, todavía menos, de una manera pública[107]. Pero, además, las mujeres tenían una inferioridad e incapacidad legal, de ahí la tutoría ejercida por el varón (padre, hermano, marido, etc.) sobre ellas[108], hecho que puede explicar también porque muchas no denunciaron los malos tratos sufridos. De hecho, hubo padres que actuaron en su nombre de sus hijas, como fue el ya mencionado Juan Antonio de Solaegui, vecino de Bilbao quien, a finales del siglo XVIII, inició un pleito criminal contra su yerno Bernardo de la Ballena.

---

[106] Mantecón Movellán, Tomás Antonio: "La violencia marital en la Corona de Castilla durante la Edad Moderna", *Familia, transmisión y perpetuación (siglos XVI-XIX)*, Irigoyen López, Antonio (ed.), Murcia: Servicios de Publicaciones de la Universidad de Murcia, 2002, p. 19.

[107] Torremocha Hernández: "Amancebamiento de casado: el adulterio masculino que sí se castigaba en los tribunales", *op. cit.*, p. 147.

[108] Bazán Díaz, Iñaki: "La violencia legal del sistema penal medieval ejercida contra las mujeres", *Clío & Crimen. Revista del Centro de Historia del Crimen de Durango*, n.º 5, 2008, p. 204.

CAPÍTULO 4

VIOLENCIA A MANOS DE FAMILIARES, DE VECINOS Y DE MALHECHORES

LA FAMILIA

La violencia familiar en el continente europeo entre los años 1500 y 1800 debe entenderse en el contexto de la estructura doméstica contemporánea, que consistía en un hombre, que ejercía de cabeza de familia, su mujer y sus hijos, pero que también podía incluir a otras personas dependientes, desde parientes ancianos hasta una variedad de sirvientes y empleados de distintos tipos[1]. Es decir, que los maridos no debían por qué ser los únicos sujetos activos de la violencia, ya que la mujer podía sufrirla a manos de cualquier otro varón con el que conviviese: padre, hermanos, tíos, primos, etc.

Indudablemente, la convivencia entre diferentes generaciones (llegando incluso a tres) en una misma casa, no estuvo exenta de conflictos y desavenencias[2]. En palabras de María José de la Pascua Sánchez, la familia podía ser vista como un "ámbito de afectos y conflictos"[3]. Además, habría que tener en cuenta los distintos niveles de relación que podían existir entre los miembros de las familias, ya que los esposos, padres e hijos, hermanos, etc., no todos estaban

---

[1] Hall, Dianne, Elizabeth Malcolm: "Sexual and Family Violence in Europe", *The Cambridge World History of Violence,* Antony, Robert, Stuart Carroll, Caroline Dodds Pennock, (eds.). Cambridge: Cambridge University Press, Volume 3, 2020, p. 275.

[2] Aragón Ruano, Álvaro: "Mujeres y conflictividad familiar en Guipúzcoa durante el Antiguo Régimen", *Ohm: Obradoiro de historia moderna*, n.º 21, 2012, p. 44.

[3] Pascua Sánchez, María José de la: "Una aproximación a la Historia de la familia como espacio de afectos y desafectos: el mundo hispánico del Setecientos", *Chronica Nova: Revista de historia moderna de la Universidad de Granada*, n.º 27, 2000, p. 132.

ligados por los mismos vínculos de parentesco, aunque estos fuesen próximos[4].

Por lo tanto, la mujer no solo podía ser víctima de la violencia y de los malos tratos en su papel como esposa, sino también podía serlo como madre o hija a manos de sus hijos o padre.

La documentación refleja que esa violencia podía ser ejercida de diversas formas. Así, una manera de crueldad sobre las hijas era prostituirlas. Al respecto, se pueden mencionar las aportaciones de Margarita Torremocha y Amaia Nausia, sobre padres y madres que prostituyeron a sus hijas. Por ejemplo, Amaia Nausia recoge el ejemplo de Catalina, una niña navarra de 11 años, obligada a prostituirse por su madre[5]. En relación al territorio vasco, entre los años 1726 y 1732, se llevó a cabo una causa criminal promovida por el corregidor de Vizcaya contra el matrimonio formado por Antonio de Zulueta y Úrsula de Yurrebaso, vecinos de Bilbao, por escándalo público, ya que fueron acusados de prostituir a su hija María Antonia, aunque después la acusación se centró en su papel de encubridores del amancebamiento que esta mantuvo con José de Campillo[6]. María Antonia aparece mencionada como costurera, algo que no ha de sorprendernos, ya que como indica Margarita Torremocha, muchas prostitutas tenían un oficio aparente y socialmente asumido[7]. Por otra parte, pero ya en el siglo XIX, también se puede mencionar el caso de María Díaz, menor de edad y vecina de Bilbao, quien fue entregada al mundo de la prostitución por su madre, Inocencia Villar[8].

---

[4] Hernández Bermejo, María Ángeles: "La familia como espacio de conflictos en Extremadura durante la Edad Moderna", *Norba: Revista de historia*, n.º 27-28, 2014-2015, p. 375; "Algunas reflexiones sobre el estudio de la violencia en el ámbito familiar en Extremadura (siglos XVI-XIX)", *Norba: Revista de historia*, n.º 24, 2011, p. 81.

[5] Torremocha Hernández, Margarita: "De la Celestina al alcahuete: del modo literario a la realidad procesal", *Tiempos modernos: Revista Electrónica de Historia moderna*, vol. 8, n.º 30, 2015, p. 14; Nausia Pimoulier, Amaia: "*Talis mater, talis filia*: las malas madres en los siglos XVI y XVII", *Memoria y civilización: anuario de historia*, n.º 16, 2013, p. 41.

[6] AHFB: JCR0422/001.

[7] Torremocha Hernández, Margarita: "Donde se rrecogen las mujeres herradas yncontinentes. Prostitución: acción y represión social en el Antiguo Régimen", *La respuesta social a la pobreza en la Península Ibérica durante la Edad Moderna* (M. J. Pérez Álvarez, ed.). León: Servicio de Publicaciones de la Universidad de León, 2014, p. 303.

[8] AHFB: Bilbao Tercera 0028/017.

Otra manera de violencia sobre las hijas era la amenaza de desheredarlas si no se plegaban a las exigencias de sus progenitores. En palabras de José Antonio Azpiazu, eso no era inhabitual en tierras vascas[9].

Debemos confesar que, en comparación con la información encontrada en relación con los matrimonios y los divorcios, no nos ha sido sencillo hallar tanta información respecto a ese tipo concreto de violencia intergeneracional. Seguramente, y tal y como indica Luis María Bernal Serna en su tesis doctoral sobre la violencia en Vizcaya, se deba a que las autoridades vizcaínas y, en consecuencia los archivos, no recogieron muchas denuncias de madres contra sus hijos, pero sí lo hicieron cuando ellas eran las madrastras y sufrieron escenas de violencia, especialmente motivadas por cuestiones de herencias y sucesiones testamentarias[10].

Al respecto, cabe mencionar que, en el año 1640, los vecinos de Bilbao José de Mendona y María de Olabarrieta, madrastra del anterior, tenían entablado un pleito ante la audiencia del corregidor debido a la herencia de Miguel de Undona, padre y marido difunto respectivamente[11]. Por su parte, en el año 1734, Gabriel de Sansinenea y su esposa Margarita de Migura, vecinos de San Sebastián, comenzaron un pleito contra Domingo de Sansinenea, hijo del primero e hijastro del segundo, debido a las injurias vertidas y a los malos tratos realizados contra su madrastra[12]. Finalmente, Micaela y María Josefa, vecina de Deusto (Vizcaya) e hijas de José Antonio de Zubiría, no dudaron en pronunciar diversos insultos a su madrastra Tomasa de Orueta, quien había ejercido de criada en el hogar familiar. Cabe indicar que tenemos constancia de estos episodios debido a la demanda de divorcio interpuesta por Tomasa en el año 1766[13]. Por lo tanto, se han podido observar situaciones

[9] José Antonio Azpiazu, *Historia de un rapto: Isabel de Lobiano y Pedro de Idiáquez, un retrato de la sociedad vasca a finales del siglo XVI*. Donostia-San Sebastián: Editorial Erein, 1999. p. 139.

[10] Bernal Serna, Luis María: "Contenidos principales y conclusiones de la tesis doctoral Crimen y violencia en la sociedad vizcaína del Antiguo Régimen (1550-1808)", *Clío & Crímen. Revista del Centro de Historia del Crimen de Durango*, n.º 8, 2011, p. 494.

[11] AHFB: JCR1144/105.

[12] AGG: COCRI178,1.

[13] ACC: 20.147.23.

motivadas por cuestiones patrimoniales, pero también por insultos, injurias y malos tratos.

Por otra parte, se ha encontrado una denuncia de una madre contra un propio vástago en el territorio guipuzcoano. De esta manera, en el año 1689 y en Zumárraga, Magdalena de Bidarte, que en ese momento se encontraba viuda ya que su esposo Juan Bautista de Amilleta había fallecido, denunció a su hijo Antonio por los malos tratos realizados no solo contra ella, sino también contra su hermano menor (es decir, otro hijo de Magdalena). Además de los golpes, también les había proferido diversas amenazas de muerte[14].

Como se acaba de ver, la violencia familiar también podía darse entre hermanos. Así, a continuación, se recogen tres ejemplos acontecidos en Guipúzcoa. De esta manera, en el año 1619, María de Ayarza, vecina de San Sebastián, litigó un pleito contra el capitán Jofre de Ayarza, su hermano, a consecuencia de malos tratos propinados por este último. La narración de María refleja que estas fueron continuadas en el tiempo[15]. Por su parte, en el año 1765, los vecinos de Berástegui, Miguel de Iríbar y su mujer María Antonia de Labaien lucharon contra María Josefa y María Catalina de Labaien, hermanas de la esposa, por las injurias vertidas y los malos tratos recibidos debido a la pretensión que decían tener sobre la legítima materna[16]. Es decir, una vez más se puede ver el peso de las herencias en los malos tratos familiares. Finalmente, en Zarauz, María Concepción de Portu pleiteó contra su hermano en el año 1798, al que acusó de insultos, injurias y malos tratos[17].

Asimismo, en el apartado de las mujeres religiosas, se profundizará en otro caso de violencia sobre las hermanas: el no abono de una renta, lo que ponía en peligro la alimentación y estabilidad de la religiosa / hermana. Por lo tanto, se podría decir que estaríamos ante un tipo de maltrato psicológico.

Por su parte, hubo criados que fueron la parte activa en el delito de estupro contra mujeres que vivían en los hogares en los cuales

---

[14] AGG: COCRI475,7.
[15] ARChV: Registro de Ejecutorias. Caja 2268.0036.
[16] AGG: COCRI370,3.
[17] AGG: COCRI493,4.

estos ofrecían sus servicios. Así, en el año 1659, el escribano de Bilbao, Juan Martínez de Jarabeitia, promovió autos criminales en nombre de su hija María y contra su criado San Juan de Urquieta, al que acusaba de haber arrebatado la virginidad y el honor de su hija[18]. Por su parte, en el año 1753, Juan de Labaien, vecino de Berástegui (Guipúzcoa) litigó contra su criado, Gabriel de Arregui, quien estaba casado y era navarro, por el delito de estupro ocasionado contra su hija Juana Jacinta[19]. Estos dos ejemplos reflejan la violencia que podían vivir las mujeres en sus propios hogares, y que esta no tenía por qué ser ocasionada por hombre alguno de su propia sangre o con el que mantuviesen un lazo conyugal, sino por quien estaba allí debido a motivos laborales.

LOS VECINOS

Si hubo un tipo de violencia que las mujeres sufrieron de una manera muy reseñable, fue la vivida con los vecinos de las localidades donde ellas también habitaban. Hay casos de violencia física, insultos, amenazas de muerte e, incluso, asesinatos. Además, los motivos eran distintos y diversos, como asuntos de naturaleza personal, económica o, simplemente, de convivencia; pero, independientemente de la motivación, el número de casos fue muy elevado. Muchos de estos ejemplos solamente se juzgaron en primera instancia, pero otros fueron más allá, como la presencia de los corregidores o de las sentencias de la Chancillería de Valladolid reflejan.

Podemos mencionar los siguientes tres ejemplos acontecidos en el siglo XVIII en el Señorío de Vizcaya. Así, en el año 1775, el corregidor promovió autos criminales contra Melchor de Aramburu, natural de Lemona, como consecuencia de las amenazas y de la violencia física ejercida sobre Teresa de Otuna, quien era vecina de Orozco, donde vivía junto a su marido Domingo de Zamalloa[20]. Por su parte, en el año 1794, María Antonia de Egusquiza, vecina de Barrica y viuda

[18] AHFB: JCR1399/040.
[19] AGG: COCRI295,7.
[20] AHFB: JCR0409/044.

de Santiago de Andraca, comenzó un pleito contra el matrimonio formado por Nicolás de Rola y María Antonia de Fano, vecinos de Plencia, por los golpes e insultos propiciados tanto a su hijo Juan como a ella misma[21]. Finalmente, en 1797, Martín de Jaureguiza y Juan Bautista de Monasterio, suegro y yerno respectivamente, actuaron en nombre de sus esposas María Ana de Goyenechea y Rosa de Jaureguizar, vecinos todos ellos de Bermeo, contra Antonia de Mundaca, también vecina de Bermeo, por las amenazas y los insultos que esta última, junto a su hijo Juan de Goyenechea, había vertido sobre las otras dos mujeres. Además, esta última y su marido, Domingo Antonio de Goyenechea, también acusaron a los otros dos matrimonios de insultos e injurias[22].

Por su parte, la provincia de Guipúzcoa también fue testigo de múltiples casos. Por ejemplo, en el año 1656, el matrimonio formado por Lorenzo de Arispe Bedua y Ángela de Alzolaras, vecinos de Zumaya, pleiteó contra sus convecinas Clara de Olazabal y su hija Mariana de Icetaen, ya que acusaban a estas últimas de malos tratos verbales y agravios[23]. Por su parte, Miguel de Arizmendi llevó a juicio a Sebastián de Moyúa en el año 1663, ya que le acusó de amenazas, malos tratos e injurias a su esposa, siendo todos ellos vecinos de Vergara[24]. Finalmente, a finales del siglo XVII, concretamente en el año 1670, el vecino de Hernani Francisco de Roteta fue a juicio contra su convecino Francisco de Veróiz, ya que acusó a este último de propinar malos tratos a su esposa Ana María de Ereñozu[25].

Como ya ha sucedido en el apartado anterior, el archivo de la Chancillería de Valladolid alberga un número reseñables de casos. Así, en el año 1522, se vio el pleito entre Diego de Urteaga y su esposa María de Urteaga, contra Diego Ortiz de Santa Coloma, siendo los tres vecinos de Gordejuela (Vizcaya); el matrimonio acusaba a este último de agresión y malos tratos a María[26]. En el siglo XVII, concretamente en el año 1628, Pedro de Urquijo, teniente de Prestamero

---

[21] AHFB: JTB0858/019

[22] AHFB: JTB0640/002.

[23] AGG: COCRI43,14.

[24] AGG: COCRI53,15.

[25] AGG: COCRI64,2.

[26] ARChV: Sala de Vizcaya. Caja 4258.0009.

y vecino de Bilbao, denunció a Pedro López de Rubina y a Juan de Zabalo porque estos habían quebrantado la pena de cárcel a la que estaban sometidos por haber maltrato a María de Zugasti, esposa del primero[27]. Finalmente, en el año 1782, es decir, en el siglo XVIII, el matrimonio formado por Juan Bautista de Palacio y María Josefa Ignacia de Olalde, vecinos de Bilbao, denunciaron a su convecino José Joaquín de Eizaga, por haber habido malos tratos y palabras injuriosas contra la esposa y en la casa del matrimonio. En este caso se concreta que la motivación de tal actuación fue la obligación de un pago de 1.083 reales[28].

También en la Real Chancillería de Valladolid, pero en relación al territorio alavés, se encuentra el caso de Juan de Biguri y su hija María, vecinos de Salinillas de Buradón, quienes mantuvieron un pleito contra Mateo de Uraga, convecino y menor de edad, por las injurias pronunciadas, pero también como consecuencia de los malos tratos y las agresiones propiciadas por él no solo a María, sino también a su madre[29].

Por su parte, Álvaro Aragón recoge que hubo clérigos que ejercieron la violencia sobre mujeres vecinas de las localidades en las que ellos tenían asignada la parroquia. Así, en el año 1628, Antonio de Belsu, quien era uno de los párrocos de Fuenterrabía (Guipúzcoa), fue acusado de haber pegado a Catalina de Garay: la cogió por los pelos y, mientras la arrastraba por los suelos, le daba patadas y la insultaba al grito de "puta bellaca". El motivo era que la agredida había tenía un enfrentamiento previo con María Miguel de Echeverría, quien mantenía una relación de amancebamiento con el párroco, del cual había nacido un niño[30].

---

[27] ARChV: Sala de Vizcaya. Caja 3111.0003.

[28] ARChV: Sala de Vizcaya. Caja 1441.0003.

[29] ARChV: Registro de Ejecutorias. Caja 2331.0015.

[30] Aragón Ruano, Álvaro: "Familia, mujer y conflictividad", *Boletín de la Real Sociedad Bascongada de Amigos del País*, Tomo 67, n.º 1-2, 2011, p. 79.

LOS MALHECHORES

Hasta ahora, se han indicado y mencionado ejemplos de riñas, injurias, insultos, discusiones y agresiones entre familiares y vecinos en situaciones provocadas por el día a día. Sin embargo, también hubo casos llevados a cabos por delincuentes, es decir, por profesionales, una cuadrilla de bandidos.

A finales del siglo XVIII, especialmente al comienzo del reinado de Carlos IV, la península ibérica experimentó una oleada bandolera de proporciones llamativas y que, gradualmente, fue *in crescendo*[31]. Tal eran las cifras de detenciones que, mostraban una criminalidad disparada y alarmante[32]. Por otra parte, muchos de los labradores y mercenarios reclutados para luchar contra Francia en la guerra de la Convención (1793-1795) vieron ese conflicto como una oportunidad ideal para ganarse la vida robando y realizando acciones de pillaje aprovechándose de las situaciones de impunidad y confusión que se dieron[33]. Esos hábitos continuaron tras las disputas bélicas y se acentuaron durante la guerra de Independencia (1808-1814). Como indican Iñaki Reguera y Andrea Grande, hubo una serie de razones que explican por qué el bandolerismo afectó especialmente al mundo rural: en primer lugar, porque había una escasa densidad poblacional, con distancias reseñables entre las localidades; en segundo lugar, se encuentra la escasez de fuerzas del orden público disponibles para finalizar con esa inseguridad; y, finalmente, la orografía montañosa facilitaba la huida de los malhechores. Además, todas esas características influían en que muchos viajeros fuesen intimidados en los caminos [34].

De esta manera, a finales del siglo XVIII y en palabras de Iñaki Reguera, Álava se convirtió en el caldo de cultivo idóneo para los

---

[31] Martín Polo, Manuel: "Bandolerismo y orden público en el interior peninsular durante el reinado de Carlos IV", *Vínculos de Hispania*, n.º 5, 2016, p. 93.

[32] Gómez Bravo, Gutmaro: "Guerrilleros, vecinos y asaltantes: imagen y realidad del bandolerismo", *Historia Contemporánea*, n.º 33, 2006, p. 668.

[33] Perurena Borobia, Ignacio: "Apuntes para el estudio del bandolerismo en Guipúzcoa (1795-1808)", *Boletín de la Real Sociedad Bascongada de Amigos del País*, Tomo 59, n.º 1, 2003, pp. 188-189.

[34] Grande Pascual, Andrea, Iñaki Reguera Acedo: "El bandolerismo en las provincias vascas durante la ocupación napoleónica (1808-1814)", *Clío & Crimen. Revista del Centro de Historia del Crimen de Durango*, n.º 16, 2019, p.182.

malhechores. Así, las localidades del territorio alavés se encontraban en estado de alarma como consecuencia de las diversas tropelías ocasionadas por distintos malhechores, como fueron Pastor de Uriarte, los hermanos Dámaso e Higinio de Gallarza, Vicente Jiménez de Aberasturi, Manuel de Mendía, Sebastián de Corcostegui, Cipriano García de Cortázar, Dámaso Ortiz de Zárate, Teodoro de Zubia, Francisco López de Elorriaga, Ignacio de Sarralde, y Nicolás, Alejandro y Antonio Vicente de Guevara. Todos estos (y muchos más) no solo asaltaban a la población por los caminos, sino que también robaban en las casas de los pueblos. Casi todos ellos terminaron encarcelados en la prisión real de Vitoria, donde fueron acusados de "quebrantamientos, asaltamientos y robos ejecutados de noche con armas de fuego y blancas, máscaras y otras precauciones, en casas y caminos, insultos y atropellamientos, atentados contra la honestidad de las mujeres heridas y otros gravísimos excesos"[35]. En estos casos, las mujeres fueron atacadas por hombres de los que, en principio, desconocían la identidad y los que, probablemente, no tuviesen ningún motivo personal en sus agresiones hacia ellas, sino que esos asaltos fueron simplemente circunstanciales.

Aunque pudiera parecer lo contrario, las iglesias y otros espacios religiosos tampoco garantizaban seguridad a las mujeres o, al menos, eso es lo que reflejan los siguientes ejemplos acontecidos en Vizcaya. En el año 1585 Mariana de Arteita acusó a Martín Pérez de Bengolea y a su esposa María Pérez de Yarza de entrar por la fuerza en la capilla de Santa Ana en Lequeitio, y que estos la insultaron y agredieron. En palabras de Mariana

> "arremetieron contra mí con grandes empujones, me derribaron en tierra y con todo el cuerpo y cabeza me hicieron dar un gran golpe, del cual y de otros muchos golpes que me dieron estuve sin habla y casi muerta y me hubieran muerto si no fuera por algunas personas que entraron por medio y me defendieron".

---

[35] Reguera Acedo, Iñaki: "El delito en lugar sagrado. Iglesias y conventos vascos como espacios de violencia, siglos XVI-XIX", *Revista Sancho el Sabio*, n.º 45, 2022, p. 27.

Además, cuando llegó el alcalde, encontró a Mariana tendida en el suelo, desmayada y sin habla. Por su parte, en agosto del año 1633, María Pérez de Landaverde, vecina de Portugalete, denunció a Lope Sáez de Anuncibay y a su hija Lucía por injurias, amenazas de muerte con una pistola, y agresión dentro de la iglesia del convento mercedario de Santa María de Burceña, en Baracaldo. Finalmente, en febrero de 1654, Ana de Zubieta, esposa de Marcos de Chávarri, estaba en misa en la iglesia parroquial de Santa Catalina en Sestao, cuando entraron varios vecinos; estos crearon escenas de violencia y ruidos varios, y la sacaron arrastras del templo, rompiéndole sus vestidos, hasta ponerla en la calle. Como indica Ana, sus agresores no habían tenido respeto alguno al lugar sagrado ni al cura que estaba celebrando la misa[36].

Asimismo, cabe indicar que, en ninguno de todos los ejemplos que se han presentado hasta el momento en este apartado, se ha mencionado defunción alguna. Sin embargo, y como se verá a continuación, eso no significa que no las hubiese, ya que hubo mujeres que fallecieron, precisamente, por la violencia recibida de hombres que no pertenecían a su familia ni hogar. Eso fue el caso de la esposa de Diego López de Guevara, vecino de Guevara (Álava), quien fue asesinada por Martín de Basabe, vecino de Léniz (Guipúzcoa). Desgraciadamente, no se revela su identidad, pero sí se indica que, en junio de 1500, este último fue sentenciado a muerte como consecuencia del asesinato cometido[37]. Por su parte, María de Aquearza, vecina de Azpeitia (Guipúzcoa) había sido asesinada por Ortuño de Iraetasu; Marina de Loyola, madre de la víctima, comenzó su andadura por los tribunales denunciando el caso y al asesinado y, en el año 1574, el caso llegó hasta la Chancillería de Valladolid, donde se confirmó el castigo al acusado[38].

Cabe indicar que, también hubo mujeres que lograron evitar su muerte, como fue el caso de la guipuzcoana Joaneta; en el año 1527,

[36] Ibídem: p. 15-20.
[37] ARChV: RGS, LEG, 150006, 312.
[38] ARChV: Registro de Ejecutorias. Caja 1301.0043.

el soldado Rojas intentó asesinarla y su justificación fue que ella le había insultado al llamarlo moro[39].

Como ya se ha indicado, los insultos reflejan cuál es el sistema de valores de una sociedad. En este caso, el contexto histórico sirve de gran ayuda a la hora de entender la actitud del soldado Rojas. No solo nos referimos a la conquista de Granada del año 1492 y a la posterior conversión forzosa al cristianismo de los moriscos en 1502, sino también a lo acontecido en Vizcaya, donde en el año 1526 se aprobó el Fuero Nuevo, que fue confirmado por Carlos V en 1527. Como se puede leer en la Ley 13 del Título I, todo musulmán o descendiente de musulmán, tenía prohibido el avecindamiento en territorio vizcaíno[40]. Además, no se puede perder de vista el fenómeno de la Limpieza de Sangre que estuvo en boga en toda la Península Ibérica desde el siglo XV[41]; se trataba de un procedimiento de exclusión selectiva y de discriminación, cuyo criterio de selección fue el origen familiar y que buscaba la pureza de sangre, es decir, se premiaba la ausencia de ancestros de origen judío y musulmán.

Asimismo, los restantes ejemplos que se han recogido en este apartado también reflejan la importancia que el honor y, en contrapartida el deshonor, jugaban en la escala de valores de aquellas centurias. Un gran número de acusaciones y denuncias iban encaminadas, precisamente, a querellarse contra los que habían puesto en duda, y de una manera pública y notoria, el orgullo, la estima y la respetabilidad de una persona y, por ende, de su familia.

---

[39] AHPG: 3/0297, A:95r-95v.

[40] *Fuero Nuevo de Vizcaya*, Título I, Ley 13.

[41] Hernández Franco, Juan; José Javier Ruiz Ibáñez: "Conflictividad social en torno a la limpieza de sangre en la España moderna", *Investigaciones históricas: época moderna y contemporánea*, n.º 23, 2003, p. 35.

CAPÍTULO 5

LAS MUJERES RELIGIOSAS Y LA VIOLENCIA

Hasta ahora nos hemos centrado en mujeres laicas, las cuales podían haber contraído matrimonio o no, pero que no habían decidido consagrar su vida a la religión. Por eso, en este apartado, el centro de atención va a estar puesto en las mujeres que sí vincularon su vida a la contemplación del dogma cristiano-católico.

Llegados a este punto, hay que realizar una matización: no todas las mujeres religiosas abrazaron el enclaustramiento, es decir, se convirtieron en monjas de clausura, sino que existieron otras maneras de consagrarse a la religión. Nos referimos a un grupo de mujeres que, dependiendo de su localización en el continente europeo, recibieron distintas denominaciones como beatas, beguinas, freilas o, simplemente, mujeres semi-religiosas.

En el País Vasco hubo un gran número de beatas, y la comunidad donde vivían era conocida con el nombre de beaterio[1]. Su existencia en suelo vasco es innegable, ya que no hubo localidad vasca relevante que no tuviese un beaterio o más[2]. Cabe indicar que no había un perfil único de beaterio, ya que realizaban distintas actividades como la asistencia a enfermos, la vida contemplativa, la catequesis, etc.[3]. Además, se trataba de mujeres jóvenes o viudas, es decir, que no estaban casadas, pero quienes eran libres de contraer matrimonio

[1] Más información en: Intxaustegi Jauregi, Nere Jone: "Beatas, beaterios and conventos: the Origin of the Basque Female Conventual Life, *Imago temporis. Medium Aevum*, n.º 11, 2017, pp. 329-341", "Beatas y beaterios vizcaínos: desde el nacimiento medieval hasta la extinción en el siglo XIX", *Poder, sociedad, religión y tolerancia en el mundo hispánico: de Fernando el Católico al siglo XVIII*, Serrano Martín, Eliseo, Jesús Gascón Pérez,(eds.), Zaragoza: Diputación Provincial de Zaragoza, Instituto Fernando el Católico, 2018, pp. 1465-1481.

[2] Lizarralde, José Adriano: "Orígenes de la vida claustral en el País Vasco", *I Congreso de Eusko Ikaskuntza*, Oñate, 1918, p. 592.

[3] Atienza López, Ángela: "De beaterios a conventos: nuevas perspectivas sobre el mundo de las beatas en la España moderna", *Historia social*, n.º 57, 2007, p. 168.

cuando así lo deseasen. Otra característica de estas comunidades es que no vivían en clausura, por lo que los beaterios no estaban cerrados al mundo del exterior. De hecho, cuando en el siglo XVI fueron obligadas a abrazar la clausura (la otra alternativa, era perecer), debieron realizar costosas obras para adecuar sus comunidades (cierre de ventas, construcción de paredes/muros, etc.) a las disposiciones indicadas por san Carlo de Borromeo[4].

Las beatas no dejaban de ser mujeres y, su estatus religioso, no las salvaguardó de la violencia. De esta manera, se puede mencionar el caso de diversas beatas que fueron raptadas de los beaterios por hombres que no dudaron en violarlas. El objetivo no fue solo el gozo del acceso carnal, sino también arrebatarles la virginidad y, en consecuencia, obligarlas a casarse con ellos[5]. Bilbao fue testigo de dos raptos de beatas[6]: en el año 1520 Catalina Pérez de Marquina, beata en el beaterio de La Encarnación fue raptada por Martín de Leguizamón, con quien terminó casándose. Sin embargo, diversa documentación de Simancas y de la Chancillería de Valladolid reflejan la persecución y huida de Martín, ya que había sido condenado a muerte[7]. Por su parte, en el año 1592, el corregidor Gómez de la Puente dictó sentencia contra Tomás de Dóndiz, Adrián de Arrien y Domingo de Arrien: el primero fue ejecutado en la horca, mientras que los otros dos, hijo y padre respectivamente, fueron enviados a galeras y recibieron la pena de azotes[8].

No debe sorprendernos las sentencias de pena de muerte, ya que la legislación de la época fue muy clara al respecto. Así, en el *Fuero Real* se puede leer lo siguiente: "quien monja o otra muger

[4] Las obras *Fabricae et Supellectilis Ecclesiasticae* (1577) y *Acta Ecclesiae Mediolanensis* (1599) recogieron qué obras había que realizar y cómo llevarlas a cabo. En Evangelisti, Silvia: *Nuns. A History of Convent Life 1450-1700*. Oxford: Oxford University Press, 2008, p. 47.

[5] Al no ser vírgenes, decaía su valor en las negociaciones matrimoniales. Asimismo, si se casaba con esa mujer, de acuerdo a las *Siete Partidas*, el hombre recibía el perdón.

[6] Intxaustegi Jauregi, Nere Jone: "Crimen y castigo: los conventos femeninos vascos durante la Edad Moderna (siglos XVI-XVII)", *Revista del Centro de Historia del Crimen de Durango* n.º 17, 2020, pp. 200-205.

[7] AGS: CRC, 128.7, CRC, 638.17. ARChV: Sala de Vizcaya. Caja 4245.0004; Sala de Vizcaya. Caja 0060.0004; Registro de Ejecutorias. Caja 0361.0003; Registro de Ejecutorias. Caja 0361.0003.

[8] AHFB: Bilbao Antigua 0309/001/004.

de orden levantare por fuerza, muera por ello"[9]. El título que recoge esta ley se llama, precisamente, "De los que hurtan, o roban o engañan las mugeres". Además, en las *Siete Partidas*, en el apartado titulado "De los que fuerçan, o lleuan las virgines, o las mugeres de orden...", también se recogía la pena de muerte por violación de mujeres religiosas[10].

Por su parte, la condena en galeras era vista como una pérdida de libertad. Es más, el siglo XVI fue visto como la época dorada de las galeras[11], de ahí su utilización en las sentencias, ya que en tiempos de Carlos V y Felipe II, las galeras requerían de muchos hombres debido a las constantes guerras y enfrentamientos bélicos que caracterizaron esos dos reinados. Asimismo, se ha mencionado la pena de los azotes, considerado uno de los castigos más antiguos que han existido en la Historia y muy utilizado por las marcas visibles que dejaban en el individuo, lo que convertía a los azotes en un castigo duradero[12].

También en Vizcaya, pero en el municipio de Arrancudiaga y en el siglo XVII, se presenció otro caso de violencia contra beatas. De esta manera, en el año 1601, Rodrigo de Orueta, vecino de ese municipio, golpeó utilizando un palo a Úrsula de Padura, la vicaria de la comunidad, y a otras beatas, como fueron Juliana de Salinas, María de Jesús, y Ángela de Ordorica. Además de esos golpes, también pronunció insultos diversos, como son el de morisca o villana, de gran impacto en Vizcaya. En el *Fuero Nuevo* del año 1526, la obra legislativa por excelencia del territorio vizcaíno, como ya se ha mencionado con anterioridad, se indicaba que "que en Vizcaya no se avecinden los que fueren de Linaje de Judíos é Moros, é como los que venieren han de dar informacion de su Linaje"[13], es decir, se negaba la vecindad a individuos que profesasen, o lo hubieran hecho sus antepasados, las religiones judía e Islam. Por otra parte,

---

[9] *Fuero Real*: Libro IV, Título X, Ley IV.

[10] *Siete Partidas*: Séptima Partida, Título XX, Ley III.

[11] Llorente de Pedro, Pedro-Alejo: "Modalidades de la ejecución penitenciaria en España hasta el siglo XIX", *Anuario de Derecho Penal y Ciencias Penales*, n.º 57-1, 2004, p. 318.

[12] Ortego Gil, Pedro: "Algunas consideraciones sobre la pena de azote durante los siglos XVI-XVIII", *Hispania. Revista española de historia*, vol. 62, n.º 212, 2002, p. 850.

[13] *Fuero Nuevo de Vizcaya:* Título Primero, Ley XIII.

y hasta el año 1630, en términos jurídico-institucionales, Vizcaya estuvo dividida en dos zonas muy diferenciadas: la rural y la urbana[14]. Arrancudiaga formaba parte del bloque rural, y el término de villana era utilizado como despectivo al hacer referencia al poblador de una villa, es decir, de la zona urbana, espacio fortalecido al amparo de una coyuntura económica más favorable[15].

Volviendo al episodio del beaterio, la violencia se repitió unos días después contra la ya mencionada Juliana de Salinas y contra otra beata, María del Espíritu Santo; de hecho, los golpes fueron tales que Juliana terminó tumbada en el suelo y con todo el cuerpo lleno de heridas. Finalmente, Rodrigo fue detenido y, no solo negó su implicación en esos abusos, sino que además adoptó el papel de víctima[16].

Por su parte, Guipúzcoa también tiene ejemplos de beatas que sufrieron la violencia de manos de hombres. En este caso ocurrió en la localidad de Léniz, donde la beata Marina de Zuazubizcar litigó contra Gaspar de Lasagabaster por malos tratos e injurias[17].

Asimismo, también hubo monjas que sufrieron violencia de manos de los hombres. Así, como recoge Iñaki Reguera, el convento alavés de monjas cistercienses o religiosas bernardas de Barria fue asaltado y robado la noche del 30 de septiembre de 1797; concretamente, hubo "rompimiento y quebrantamiento de su clausura y del cuarto del capellán". La lista de autores de tal circunstancia fue inmensa: Martín José de Azcona, vecino de Berriozar (Navarra), Francisco Zabala, natural de Amézqueta (Guipúzcoa), Jerónimo de Elisasu, natural de Aizarna y vecino de la villa de Cestona (Guipúzcoa), José Ignacio de Ojinaga, quien era el guarda de rentas de la partida de la villa de Alegría de Álava, Juan de Arrieta, natural del lugar alavés de Ullibarri Jauregui, Félix López de Guereñu, un "clérigo de prima tonsura" y natural del lugar alavés de Gaceo, Félix de Orra, vecino de Barria (Álava), Lorenzo y Benito Ruiz de Eguino, naturales de los lugares

[14] *Escritos de Unión y Concordia (1630).*

[15] Zabala Montoya, Mikel: "Las Juntas Generales de Bizkaia a principios de la Edad Moderna: desequilibrios y enfrentamientos anteriores a la Concordia", *Cuadernos de Historia Moderna*, n.º 30, 2005, p. 86.

[16] AHFB: JCR0609/012.

[17] AGG: COCRI18,2.

de San Román y Galarreta (Álava), y José Alberdi, natural de Bedayo en la provincia de Guipúzcoa. Muchos de estos fueron detenidos, y el Diputado General de Álava, Ramón María de Urbina Gaitán de Ayala, segundo marqués de la Alameda, pronunció la sentencia definitiva contra los culpables el 15 de septiembre de 1801. De esta manera, por ejemplo, Martín José de Azcona fue condenado a la pena de muerte por garrote en la plaza pública de Vitoria y, aunque apeló tal castigo al Consejo de Castilla, este confirmó la pena de muerte dictada por el diputado general, cuya ejecución se llevó a cabo en la mañana del 23 de abril de 1803 en la plaza pública de Vitoria. Por su parte, Francisco Zabala, Jerónimo de Elisasu, Juan de Arrieta y José Ignacio de Ojinaga, fueron condenados a hacer compañía en el cadalso a Azcona y a presenciar la ejecución de la pena, además de diez años en presidio cerrado en Puerto Rico y/o Filipinas, y la prohibición de volver a la provincia de Álava sin licencia expresa del diputado general, del rey o de su Consejo bajo la pena de muerte. Otro acusado, José Alberdi se encontraba ausente, pero sobre él pesó una orden de arresto y captura. Además, todos ellos también fueron condenados a la restitución de la cantidad robada al monasterio y a su capellán y, asimismo, al pago de costas y gastos del proceso mancomunadamente. Finalmente, Félix de Orra fue apercibido, mientras que Félix López de Guereñu, y Lorenzo y Benito Ruiz de Eguino fueron absueltos[18].

Cabe indicar que el propio edificio conventual y sus características arquitectónicas solían ser garantía de protección de las monjas. De hecho, en las ya mencionadas disposiciones de san Carlo de Borromeo se tuvo en mente ese objetivo cuando se redactaron a la hora de reformar los edificios conventuales. No obstante, este caso previo ha mostrado justo lo contrario.

Además, también hubo otro tipo de violencia como podía ser el no abono de las rentas o pensiones que debían recibir las monjas. Así, por ejemplo, a comienzos del siglo XVIII, la Audiencia de la Chancillería de Valladolid fue testigo del pleito interpuesto por las religiosas

[18] Reguera Acedo: "El delito en lugar sagrado. Iglesias y conventos vascos como espacios de violencia, siglos XVI-XIX", *op. cit.*, pp. 26-29.

Mariana y Francisca de Leira, monjas del convento el Antiguo de San Sebastián, contra Ana Antonia de Echo y Bustamante, vecina de esa localidad, a quien acusaban de no abonar 810 ducados de una renta vitalicia que las religiosas tenían a su favor[19]. Por su parte, Juan Antonio Basilio de Carranza, hermano de la monja Faustina de San Simón y Carranza del convento de La Concepción de Abando en Vizcaya, había cesado en el abono de la renta de 30 ducados de vellón anuales y vitalicios que su padre Simón de Carranza había dejado escriturado en su testamento, por lo que las religiosas acabaron recurriendo también en la Chancillería de Valladolid donde, en el año 1741, se dictó sentencia a su favor[20].

En este caso, se podría hablar de una violencia psicológica, ya que la monja se veía en la tesitura de no tener medios para subsistir dentro del convento. Hay que tener en cuenta que esas rentas que se recibían desde el exterior era lo que permitía vivir a las religiosas en el interior del convento: pago de alimentos, abono por servicios requeridos de cirujanos, etc. La documentación manejada refleja que la existencia de estas rentas en el mundo conventual era muy frecuente. Así, el día que se negociaban las condiciones de profesión de la novicia, el tutor de la religiosa que, por lo habitual era el padre de la joven, determinaba una renta o pensión que la religiosa cobraría. No existía una cantidad fija, y la religiosa recibía lo que el tutor había decidido, aunque sí era frecuente que se tratase de una renta anual y vitalicia[21].

También había rentas fundadas a beneficio de la comunidad del convento y su no abono repercutía negativamente, sobre todas las monjas de la comunidad. Así, en el año 1557, las dominicas del convento de Quejana en Ayala (Álava) pleitearon contra la localidad de Ameyugo (Burgos) porque el concejo se negaba a abonar 60 fanegas de trigo anuales que reclamaban las monjas para su alimentación y

---

[19] ARChV: Pl Civiles, Alonso Rodríguez (OLV). Caja 0642.0001.
[20] ARChV, Sala de Vizcaya. Caja 3508.0004.
[21] Intxaustegi Jauregi, Nere Jone: *La mujer religiosa en Bizkaia durante los siglos XVI-XVIII*. Bilbao: Diputación Foral de Bizkaia, 2018, p. 297.

bienestar, ya que defendían que el pago debía ser realizado por el señor del municipio y no por todos los vecinos de la localidad[22].

Como indica la catedrática Ofelia Rey Castelao, en las centurias previas a la Desamortización del siglo XIX, las monjas componían un colectivo improductivo[23], de ahí la importancia del cobro de rentas, de pensiones, de dotes, etc.

---

[22] ARChV: Registro de Ejecutorias. Caja 0900.0012.

[23] Rey Castelao, Ofelia: "Las instituciones monásticas femeninas, ¿centros de producción?", *Manuscrits: Revista d'història moderna*, Universitat Autònoma de Barcelona, n.º 27, 2009, p. 60.

CAPÍTULO 6

LAS MUJERES COMO SUJETOS ACTIVOS DE LA VIOLENCIA

INTRODUCCIÓN

Como la documentación refleja y la historiografía indica, lo habitual fueron los casos de violencia y maltrato del hombre a la mujer en el ámbito familiar. Esa fue la dinámica más frecuente. Sin embargo, eso no significa que no se dieran otras situaciones, como fueron casos de mujeres que ejercieron la violencia contra otras mujeres o, incluso, hombres.

A continuación, vamos a tratar esta casuística. El motivo es simple: no queremos obviar una realidad que, sin ser la usual, existió. Es decir, no se pretende rehuir ni maquillar las practicas violentas y de maltrato de aquella época. Sin embargo, también hay que indicar no se hará con la profundidad y el detalle utilizados en los casos y ejemplos de mujeres violentadas y maltratadas por los hombres presentados porque el objetivo de este trabajo no está puesto en ese papel activo del género femenino, sino en el pasivo.

En palabras de la ya mencionada Cristina Segura, "las mujeres no han sido agentes de violencia de forma general"[1]. Es decir, lo habitual ha sido que el sexo femenino haya actuado de sujeto pasivo y no de activo, ya que no ejercía la violencia ni los malos tratos, sino que los sufría.

No obstante, la documentación, aunque sea en una muy menor medida, no deja duda alguna: también hubo mujeres que ostentaron el papel activo en esas dinámicas de violencia y de maltrato. Y,

[1] Cristina Segura: "La violencia sobre las mujeres en la Edad Media. Estado de la cuestión", *op. cit.,* p. 26.

la parte pasiva, podían ser tanto otras mujeres como los hombres, especialmente sus esposos.

Al respecto, se pueden dar tres explicaciones a la hora de interpretar el número mucho menor de casos de violencia protagonizados por las mujeres. Por una parte, estaría la posibilidad de que la mujer llevase a cabo un menor número de acciones y situaciones de violencia y de malos tratos, es decir, que simplemente la cifra de agresoras femeninas era menor porque actuaban menos. Por otra parte, no hay que descartar que, especialmente, los hombres no denunciasen esas circunstancias por honor, orgullo y/o vergüenza. "El qué dirán" pesaba demasiado en las mentalidades de aquellas centurias. Finalmente, y como indica Andrea Grande, podría ser que las propias autoridades de la justicia de aquella época minusvalorasen la actividad violenta ejercida por las mujeres y recogiesen, en consecuencia, menos casos y situaciones[2]. Es decir, las propias instituciones de la Edad Moderna no tenían en la misma consideración los actos de violencia y malos tratos ejercidos por el género femenino.

MUJERES CONTRA MUJERES

La documentación manejada no deja duda alguna: parte del sexo femenino actuó en contra de otras mujeres. Simple y llanamente. Esos ataques femeninos aparecen relacionados, especialmente, con el delito de injurias, el cual tiene una larga presencia en los ordenamientos jurídicos del continente europeo.

Como se puede leer en las *XII Tablas*, los romanos ya legislaron en torno al delito de las injurias, las cuales se relacionaban con el concepto de injusticias. Estas continuaron estando presentes en el ordenamiento jurídico legal romano, ya que se recogieron las penas pecuniarias y se instauró un procedimiento para su represión[3]. A

[2] Grande Pascual, Andrea: "Mujeres violentas y mujeres violentadas: la presencia femenina en la criminalidad vizcaína a finales del Antiguo Régimen", *Clío & Crímen. Revista del Centro de Historia del Crimen de Durango*, n.º 17, 2020, p. 298.

[3] Teschendorff Cerezo, Concepción: *Visión y evolución de la acción de injurias en el Derecho Romano. Época arcaica, clásica y postclásica*. Tesis doctoral, Universidad Católica de Valencia, pp. 67 y 68.

partir del siglo XIII, el significado varió y la injuria empezó a utilizarse como sinónimo de ultraje y, por lo tanto, era considerado un delito contra el honor y la honra de las personas[4]. De hecho, el número alto de procesos judiciales existentes en torno a la figura de la injuria reafirma la preponderancia que esta tuvo a lo largo de toda la Edad Moderna[5].

Los archivos recogen muchísimos casos de injurias como sinónimo de ataque al honor de una persona. Lo habitual fue que tanto el sujeto activo como el pasivo fuesen mujeres, y que estas se conociesen y tuviesen trato personal, ya que solían ser vecinas de la misma localidad. Como se puede ver en la siguiente tabla, en Guipúzcoa el listado de denuncias por injurias entre mujeres fue extenso.

Tabla n.º 3 sobre el delito de injurias en Guipúzcoa (1655-1783)[6]

Año	Denunciante	Denunciada	Localidad
1655	Joana de Finondo	Margarita de Iraurgui	Pasajes de Fuenterrabía
1705	Josefa de Otazua, *et al.*	María Cruz de Guillamasa, *et al.*	Fuenterrabía
1714	Teresa Fernández	Teresa de Echeverría	San Sebastián
1731	Brígida de Azcarai	Josefa Antonia de Machimbarrena	San Sebastián
1735	Mariana de Insuspe	Nicolasa y Josefa Antonia de Marizuriarena	Rentería
1753	María Catalina de Olozaga	María Bautista de Urriza	Andoáin
1757	María de Gueredica Echeverria	María Josefa de Arrate	Elgóibar
1758	Agustina Antonia de Ezpeleta	Rita de Galarra	Rentería
1760	Manuela Bernarda de Bizarrorena	Josefa Antonia de Guilibert	San Sebastián

[4] Grande Pascual: "El delito de injurias en la documentación procesal vizcaína a finales del Antiguo Régimen", *op. cit.*, pp. 215-216.

[5] Ruiz Astiz, Javier: *Violencia y conflictividad comunitarias en la Navarra de la Edad Moderna*. Pamplona: Gobierno de Navarra, 2015, p. 122.

[6] GCC: COCRI41,13; COCRI106,3; COCRI121,1; COCRI192,6; COCRI1881,1; COCRI296,2; COCRI411,6; COCRI326,11; COCRI324,1; COCRI403,11; COCRI342,8; COCRI457,3.

1770	María Rosa de Errazquin	Francisca Antonia de Iriberri e hija Juana Antonia de Jaureguizar	Fuenterrabía
1772	María Ventura de Álvarez	María Cruz de Achadi	San Sebastián
1783	Juana de Creau	Juana Rosa de Zamorategui	Pasajes

Por ejemplo, como aparece en la tabla, en el año 1758, Agustina Antonia de Ezpeleta, quien era la esposa de Ignacio de Otamendi y que en ese momento estaba ausente, denunció a su convecina Rita de Galarra, siendo todos ellos vecinos de Rentería. La base de esa denuncia fueron los comentarios que esta último hizo sobre la primera, a la que acusó de adulterio, delito que, cuando el sujeto activo era una mujer, sí se castigaba, al contrario de lo que sucedía con los hombres. Además, la acusada también acusó a Agustina Antonia de haberse provocado un aborto, ya que esa criatura sería el reflejo del adulterio cometido.

Por su parte, en el año 1664, Domingo de Arezmendi, vecino de Bilbao y como marido de María de Garay, inició pleito contra Catalina de Cadalso, mujer de Roque de Garay y también vecinos de Bilbao, sobre insultos e injurias[7]. Según el primer matrimonio, Catalina había acusado a María de ladrona, ya que había anunciado por todo Bilbao que había cometido los delitos de robo y hurto al llevarse objetos de plata y otros productos de su casa.

Por lo tanto, el delito de las injurias podía abarcar coyunturas muy diversas, ya que podía darse en situaciones relacionadas con robos, hurtos, infidelidades, mentiras, rumores o insultos. No obstante, todas ellas tenían un punto en común: la puesta en juego y, en consecuencia, la duda sobre el honor de una persona, que era quien, por lo habitual, realizaba la denuncia de injurias. Una vez más, no se puede olvidar el peso que tenía "el qué dirán" en aquellas centurias.

[7] AHFB: JCR1713/007.

MUJERES CONTRA HOMBRES

El número de casos de violencia y malos tratos de mujeres sobre hombres es muy reducido, casi residual. Un ejemplo que refleja perfectamente y de una manera general el menor casos de mujeres contra hombres se encuentra en las solicitudes de divorcio, en las que muy pocos esposos iniciaron el proceso.

Así, mientras que en Bilbao hubo veintiocho demandas de divorcio iniciadas por las esposas, solamente fueron seis los maridos que comenzaron esos trámites[8]. Uno de ellos fue Andrés de Rada, quien en el año 1762 solicitó el divorcio de su esposa Cecilia La Cuadra alegando que esta, junto a la hija del matrimonio, lo maltrataban. A lo largo de las páginas de la demanda, se puede percibir que ese maltrato consistía en que ella le obligaba a trabajar, cuestión a la que parece que él se negaba, ya que en la solicitud de divorcio exigía que Cecilia le diese la mitad de los bienes adquiridos durante el matrimonio y que, además, le pagase los alimentos[9].

En Andoáin (Guipúzcoa) también es posible encontrar un caso relacionado con el trabajo; así, José Antonio de Michelena denunció que su esposa María Ana de Apezteguía le trataba peor que a un criado, mientras que esta indicó que él quería vivir a su libre antojo, sin trabajar y siendo mantenido por ella[10].

Por otra parte, las demandas de divorcio iniciadas por los esposos también ofrecen otro tipo de malos tratos: la vergüenza y el deshonor que les suponía a ellos las supuestas relaciones de adulterio que sus esposas mantenían, además de la afición de algunas mujeres al alcohol. A continuación, se recogen múltiples ejemplos que tuvieron lugar en los tres territorios vascos.

---

[8] Intxaustegi Jauregi, Nere Jone: “Divorce in early modern Bilbao”, *Gender and Divorce in Europe: 1600-1900. A Praxeological Perspective* Grieserben, Andrea, Eudoxios Doxiadis, (eds.). Londres: Routledge, 2023, pp. 70-83.

[9] ACC: 20.221.02.

[10] ADP: Secr. Almándoz. C/2041-n.º 16.

Tabla n.º 4 Mujeres acusadas de desorden público, siglo XVIII[11]

Año	Localidad	Esposo	Esposa	Causa
1715	Tolosa (Guipúzcoa)	Antonio de Iriarte	María Magdalena de Añués y Zuaznabar	Dejarse vencer por el vino, beber frente a los hijos, y devorar la hacienda
1723	Galarreta (Álava)	Pedro López de Guereñu	Catalina Martínez de Guereñu	Vicio al vino, desgobierno de la casa
1740	Vergara (Guipúzcoa)	Juan Antonio de Gojenola	María Josefa Abendaño	Mujer venta de todos los bienes y ropas del hogar
1777	Bilbao	Juan de Bengoechea	María de Barandica	Robos, maldiciones, afición al vino
1784	Laguardia (Álava)	Pedro Antonio de Navarrete	María Ignacia de Alecha	Beber mucho vino, venta de cinco baúles llenos de ropas y alhajas
1790	Castillo Elejabeitia (Vizcaya)	Antonio de Iturbe	Inés de Erezcano	Improperios y maldiciones al marido, entregada al vino, ventas de objetos del hogar

Estos ejemplos reflejan unas mujeres que estaban muy alejadas del ya mencionado ideal de pureza, decoro, discreción, mesura y buen saber estar que se esperaba de ellas. Por el contrario, los maridos presentaron a sus esposas como mujeres descentradas y enloquecidas por su afición al alcohol y estas circunstancias, en consecuencia, habían influido en que ellas hubieran dejado de lado sus quehaceres del hogar y el cuidado de los hijos. Además, también fueron acusadas de derrochar la hacienda marital y los bienes de la casa para, de esa manera, lograr medios para seguir financiando su afición a la bebida.

Por otra parte, todos estos ejemplos, tanto los relacionados con la crítica hacia la faceta profesional de los maridos como los que se recogen en esa tabla, permiten vislumbrar que la fuerza física y los golpes no fueron parte de las dinámicas en los que los esposos eran

[11] ADP: Secr. Ollo C/1477-n.º 20; ACC: 20.234.09; 20.149.11; 20.234.31; 20.148.24; 20.148.16.

los denunciantes. Solamente en el año 1793, José de Añibarro, vecino de Bilbao, denunció las infidelidades continuas de su esposa María Josefa de Bilbao; esta, incluso, se casó con él mientras mantenía una relación con un tercero, y siguió intimando con otros hombres, incluido un hombre religioso, durante todos los años que duró su matrimonio. El marido intentó ser discreto al respecto, pero terminó denunciando las amenazas de muerte que le realizaba su cuñado, el que una noche le propició una paliza en su propia casa[12].

Por lo tanto, la violencia y los malos tratos que sufrieron los hombres no tuvieron las connotaciones de agresiones físicas y corporales que sí se dieron en los casos en los que las mujeres fueron las víctimas. Cuando el género femenino aparece como el agente agresor, la violencia y los malos tratos se personificaron en la palabra y en el deshonor, es decir, en algo más incorpóreo e impalpable.

[12] ACC: 20.151.03.

CAPÍTULO 7

PERFIL DE LOS MATRIMONIOS Y DE LAS FAMILIAS

INTRODUCCIÓN

El objetivo de este apartado es el estudio sobre los sujetos activos y pasivos de la violencia y de los malos tratos. En primer lugar, se quiere saber quiénes llevaban a cabo esas acciones y quiénes las sufrían; también qué motivación podía existir detrás de esas conductas, y qué podía acentuarlas. Además, con el objetivo de conocer el nivel socioeconómico de estas personas, se prestará atención a las profesiones que ejercían o con las que tenían relación. Asimismo, los hijos de los matrimonios también serán tenidos en cuenta, ya que interesa saber si fueron víctimas colaterales o no de los abusos vistos y vividos en los hogares. Finalmente, la atención se pondrá en las familias de las mujeres, en cómo actuaron frente a estos hechos, si las protegieron o no, es decir, hasta qué punto hubo una implicación familiar en la violencia y en los malos tratos.

LAS MUJERES COMO VÍCTIMAS

En relación a las mujeres, cabe indicar que no hubo un perfil único de mujer denunciante. No se han encontrado muchas jóvenes que fueron víctimas del delito de estupro[1], seguramente porque no se denunciaron en la proporción en que esas violaciones sucedían. Era muy difícil demostrar lo que se estaba denunciando y, además, no se puede perder de vista que el ser víctima de una violación

[1] Al igual que en el apartado concreto donde se ha estudiado este delito, aquí se hace referencia a las que sufrieron una violación, no a todos los casos de estupro, que, como la documentación refleja, esos sí que fueron abundantes.

indicaba que esa joven ya no era doncella, virtud muy apreciada en aquellas centurias.

Sobre las mujeres desposadas, es posible encontrarse con mujeres jóvenes y que apenas llevaban unas semanas o meses casadas, pero también con adultas y experimentadas, para quienes habitualmente, no era su primer matrimonio. También hubo casos que describen los malos tratos desde los primeros momentos de la convivencia conyugal, mientras que otras esposas indican que hubo años de felicidad matrimonial y que el infierno comenzó tiempo después.

A continuación, se recogen tres ejemplos de casos sucedidos en Vizcaya. Por ejemplo, los ya mencionados María Manuela de Bárbara y Alejandro de la Sota se casaron en Bilbao en diciembre de 1773 y, semanas después, ella ya estaba solicitando el divorcio alegando malos tratos del marido quien, además, recibía la ayuda de su padre para humillarla[2]. Por su parte, Alejandro Pío Turpín y Rita Agustina de Recacoechea, vecinos de Baquio, llevaban más de veinte años casados cuando ella solicitó el divorcio alegando constantes malos tratos, un trato de gran crueldad, y la afición del marido a otras mujeres; asimismo, requería la restitución de la dote entregada por ella al contraer matrimonio[3]. Finalmente, Margarita de Elorza, vecina de Abando, se casó en segundas nupcias con José de Jáuregui y, al de un año, le acusó de ser temerario y de maltratarla de obra y de palabra. Además, también recogió que él ultrajaba a la hija que ella tuvo con José de Landabaso, su fallecido primer esposo[4].

Otra cuestión que se puede percibir es que estas situaciones de malos tratos se daban en matrimonios de familias acomodadas. De esta manera, en el año 1778, se divorciaron Domingo Álava y Álvarez de Bustamante y Esquivel, Dorotea Urbina Isunza y Gaviria, vecinos de Vitoria y, como reflejan sus apellidos, miembros de la flor y nata de la sociedad vitoriana de aquella época[5]. También causó un escándalo, pero en San Sebastián, el divorcio de Martín de Elorriaga

[2] ACC: 20.145.04.
[3] ACC: 20.145.28.
[4] ACC: 20.220.22.
[5] ACC: 20.145.25.

y María Manuela de Burgoa[6]; como indica Iker Echeberria Ayllón, él fue uno de los protagonistas de la inmigración vasca al continente americano, donde vivió una experiencia notable[7].

Sin embargo, también hubo solicitudes de divorcio por parte de miembros de familias más modestas, como fueron, por ejemplo, María de Abaitua, vecina de Marquina (Vizcaya) y quien trabajaba de tejedora en el beaterio de las mercedarias de la localidad[8], mientras que Cecilia de La Cuadra, vecina de Bilbao, realizaba actividades relacionadas con la pintura y costura[9], y María Antonia de Eizaga, residente en Alegría (Guipúzcoa) se dedicaba a la venta de chocolate, bacalao y otros productos en su tienda[10]. Por su parte, hubo matrimonios que se declararon en pobreza, por lo que no podían, económicamente hablando, hacer frente a los juicios, como se vio en Álava, con María Ángela Romero, vecina de Labastida[11], y Catalina Peña, vecina de Samaniego[12]. Ambas se declararon en estado de pobreza, pero no querían continuar la convivencia marital como consecuencia de la sevicia sufrida. Por lo tanto, se puede apreciar que la violencia y los malos tratos no conocían de estamentos y estatus sociales.

Finalmente, y tal y como se ha visto a lo largo de todas estas páginas, tampoco es posible concretar un límite geográfico ni temporal, ya que hubo denuncias a lo largo de todo el Antiguo Régimen, tanto en localidades de la costa como del interior, y en ciudades, pero también en las zonas rurales. Por lo tanto, es innegable que los malos tratos sufridos por las esposas y mujeres vascas se dieron a lo largo de los tres Territorios Históricos vascos, sin ningún tipo de primacía.

---

[6] ADP: Secr. Echalecu C/1395-n.º 1.

[7] Echeberria Ayllón, Iker: *La plata embustera. Emociones y divorcio en la Guipúzcoa del siglo XVIII*. Vitoria-Gasteiz: Servicio de Publicaciones de la Universidad del País Vasco / Euskal Herriko Unibertsitatea, 2017, p. 32.

[8] ACC: 27.529.20.

[9] ACC: 20.221.02.

[10] ADP: Secr. Navarro C/2378-n.º 11.

[11] ACC: 20.147.25.

[12] ACC: 20.148.09.

LOS HOMBRES COMO SUJETOS ACTIVOS

Por su parte, cabría preguntarse por los rasgos de los maridos maltratadores y, en términos generales, por los hombres violentos. Al igual que con las mujeres, tampoco hubo un perfil único; pero, en palabras de Tomás Mantecón, se podría hablar de tres categorías de esposos agresores. En primer lugar, se encuentran los maridos que estaban hastiados de sus matrimonios como consecuencia del desgaste y hartazgo en el cual se encontraban sus relaciones personales tras años de convivencia. Además, no hay que perder de perspectiva que muchos enlaces se producían por la presión familiar o social recibida, por un embarazo prematrimonial o, simplemente, por una promesa de matrimonio. También hubo maridos que propiciaron golpes o pronunciaron insultos y/o amenazas de muerte cuando estaban bajo los efectos de los celos. En estos casos, los rumores o las murmuraciones oídas entre los vecinos, la mera sospecha, estuviese fundada o no, ya bastaba para encenderlos. Finalmente, los hubo quienes eran consentidores, es decir, aquellos que participaban e, incluso, podían llegar a convertir en negocio la sexualidad extramatrimonial de sus esposas[13].

Asimismo, la documentación manejada menciona dos elementos que intensificaba la actitud violenta de los maridos hacia sus esposas. En primer lugar, el alcohol. Por ejemplo, en el año 1657, el fiscal denunció que el matrimonio formado por Juan de Echeverría y Eugenia Martínez, vecinos de San Sebastián, no convivía, y ella acusó a su marido de crueldad, sobre todo cuando tomaba vino[14], coyuntura también mencionada por Marina de Amollovieta, vecina de Marquina (Vizcaya), quien en el año 1700 solicitó el divorcio de su marido (Domingo de Aróstegui) por malos tratos, injurias y, especialmente, "porque se entregaba al vicio del vino"[15].

La cuestión económica era el segundo elemento, fundamentalmente cuando la esposa se negaba a la intervención del marido

---

[13] Mantecón Movellán: "Impactos de la violencia doméstica en sociedades tradicionales", *op. cit.*, pp. 87-89

[14] ADP: Secr. Ollo. C/818-n.º 21

[15] ACC: 27.529.16.

en sus bienes y finanzas. Anteriormente, cuando se ha realizado el perfil de la esposa idónea de aquellas centurias, se ha dicho que esta debía "dirigir su actividad a los intereses masculinos"; por lo tanto, cuando la esposa impedía la intromisión de su cónyuge, no estaba cumpliendo con el perfil de mujer ideal impuesto en aquella época, hecho que enfureció a muchos maridos y esa cólera les empujó a los malos tratos. Por ejemplo, en el año 1725, Ángela López de Pariza, vecina de Trocóniz (Álava) acusó a su marido, Celedón Ruiz del Burgo, de llevarse los frutos de una huerta, de la cual ella era la titular, además de quedarse con la documentación sobre unas mandas que se le hicieron cuando Ángela contrajo matrimonio, y que él estaba ejecutando esas operaciones sin causa, motivo ni poder alguno[16]. Por su parte, Jerónima Remigia Zumelzu, vecina de Bilbao, solicitó el divorcio de su marido, el irlandés Patricio Mac Mahon, en el año 1783, y en su demanda describió como su esposo quería la enajenación de tres caserías en Abando que ella había heredado; cuando él volvió de un viaje de Inglaterra, la trató con aspereza y le lanzó amenazas continuas sobre arrebatarle la vida, por lo que ella acabó cediendo y vendió unas propiedades, aunque se resistió a vender la más grande, por lo que, una noche, el marido la golpeó con palos junto al brasero de la casa[17].

Ya se ha mencionado que hubo matrimonios que formaban parte de la élite de sus localidades, mientras que otros lo eran de los extractos sociales más bajos. También se ha visto que el elemento económico de las dotes y de otras propiedades de las esposas fue esencial a la hora de entender estas dinámicas. Por eso, a continuación, se va a analizar las profesiones y las labores de los esposos. Esta no es una decisión tomada aleatoriamente, sino que está justificada porque las ocupaciones de los maridos suelen reflejar también el origen de las mujeres, ya que lo habitual fueron los matrimonios, hablando en términos económicos, entre iguales.

Así, muchos de los hombres mencionados (y otros muchos) tuvieron una estrecha relación con el comercio. En el caso de Bilbao,

[16] ACC: 20.167.19.
[17] ACC: 20.147.19.

considerado el puerto más importante del norte peninsular[18], un buen número de maridos acusados por malos tratos eran comerciantes o estaban relacionados con el comercio. Ya han sido mencionados, por ejemplo, Patricio Mac Mahon, irlandés y vecino de Bilbao, quien era comerciante y también se dedicaba a las labores de traducción e interpretación de lengua inglesa[19], o Sebastián Roque de Rementería Aspiunza, quien sus ganancias en el comercio le permitían irse de vacaciones con su esposa y acompañados por un sacerdote y una criada durante semanas por San Sebastián y Loyola[20]. Vitoria también fue un centro comercial, y sus comerciantes solían viajar a otras ciudades, especialmente a Cádiz, a realizar sus labores, como lo hicieron a lo largo del siglo XVIII Mariano Antonio de Álvarez y Olloqui o Manuel Tiburcio Castejón[21].

Por su parte, en la provincia guipuzcoana el ámbito militar, debido a la frontera con el reino de Francia, tiene el protagonismo en lo que se refiere a las profesiones de los maridos. Así, Manuel de Fonseca era capitán de la Armada de Su Majestad[22], título que también tenían Pedro de Arámburu y Antonio Ruiz de Salas[23].

También hubo maridos que realizaban profesiones consideradas liberales, como fueron el escribano real y del número de Bilbao, José Bernabé de Oleaga[24], Manuel de Sasiáin, quien ejercía de maestro platero en Vergara (Guipúzcoa)[25], Domingo de Murguía, carnicero en Elgóibar (Guipúzcoa)[26], o el también guipuzcoano Miguel de Unsalo, sombrerero en Tolosa[27]. Por su parte, Antonio de Gorordo era cirujano y vecino de Gatica (Vizcaya)[28], profesión que también realizaba Juan López de Lizarraga, vecino de Usúrbil (Guipúzcoa)[29].

[18] Priotti, Jean-Philippe: *Bilbao y sus mercaderes en el siglo XVI. Génesis de un crecimiento.* Bilbao: Diputación Foral de Bizkaia, 2005, p. 33.
[19] AHFB: AJ00217/009.
[20] AHFB: JCR3147/017.
[21] ACC: 20.234.48; 20.150.08.
[22] ADP: Secr. Treviño C/384-n.º 4
[23] ADP: Secr. Mazo C/559-n.º 24; Secr. Echalecu C/1240-n.º 8.
[24] ACC: 20.147.15.
[25] ADP: Secr. Ollo C/1452-n.º 7.
[26] ARChV: Sala de Vizcaya. Caja 4223.0008.
[27] ARChV: Sala de lo Criminal. Caja 1196.0005.
[28] ACC: 20.146.13.
[29] ADP: Secr. Oteiza C/1044-n.º 19.

Estos dos últimos ejemplos se me antojan crueles e, incluso, perversos, ya que, debido a su relación laboral con el ámbito sanitario, estos hombres eran conscientes de primera mano sobre los efectos tan perjudiciales en la salud de sus esposas que tenían las zurras y palizas que ellos mismos les propinaban.

Otro elemento para comentar serían los hijos del matrimonio, muchos de los cuales llegaron a ser víctimas colaterales de la violencia y de los malos tratos vividos en sus hogares. Por un lado, hubo embarazos que no llegaron a buen puerto, ya que la violencia física ejercida por los maridos-padres había ocasionado abortos. Al respecto, recogemos estos tres ejemplos acontecidos en Bilbao a lo largo del siglo XVIII. En el año 1719, Antonia de Arteche solicitó el divorcio de José de Aldama, y la testigo Magdalena de Landa declaró que el marido la acusaba de ser adúltera y que le solía exigir que confesase a quien pertenecía la paternidad de sus hijos. Además, en una ocasión la hizo abortar un hijo por todos los golpes que le dio[30] y el último vástago nació en 1718[31], solamente un año antes del proceso de divorcio. Este nacimiento y la posterior solicitud de divorcio da una idea de la vida matrimonial en aquella casa.

Por su parte, en el juicio celebrado en el año 1721 entre Antonio de Urquiza y Antonia Ventura de Iturriaga, salió a la luz que había habido parricidios[32], es decir, que Antonio había matado a alguno (o más) de sus hijos. Finalmente, como tercer ejemplo, hay que recoger que, en el juicio celebrado en el año 1768 entre Juan Antonio Miranda y Josefa de Amézola, los médicos que actuaron de testigos confesaron que ella había abortado en más de una ocasión como consecuencia de los golpes recibidos por parte del marido[33].

Además, en la documentación también hay referencias a los malos tratos sufridos por los propios hijos. A continuación, se recogen ejemplos del territorio de Vizcaya. Así, Margarita de Elorza, vecina de Abando, indicó que José de Jáuregui, quien era su segundo esposo,

[30] ACC: 20.151.17.

[31] Entre los años 1706 y 1718, el matrimonio tuvo, al menos, seis hijos: María Luisa, José Antonio, María Antonia, Tomás, Juan Antonio, y Josefa Juana. 25079, 78461, 25578, 25843, 754860, 758125.

[32] ACC: 20.234.50.

[33] ACC: 20.148.19.

también ultrajaba a la hija que aportó ella de su primer matrimonio[34], mientras que Adrián de Amezti y Ana María de Susugadia habitaron en la villa de Guerricáiz; con ellos vivían las hijas del primer matrimonio de ella, y a veces él las había amonestado con la mano[35]. Finalmente, están Joaquín Larrínaga y María Amallobieta, quienes eran vecinos de Berriatúa; él fue denunciado por malos tratos y darles mala vida tanto a su esposa como a los hijos que esta aportó de su primer matrimonio[36]. Viendo estos ejemplos, cabría preguntarse si los malos tratos a los hijos fueron porque los maridos no eran los padres biológicos de esos niños.

Por otra parte, se encuentra el ejemplo del ya mencionado matrimonio formado por Sebastián Roque de Rementería Aspiunza y María Susana de Larrinaga Arrazola, vecinos de Bilbao. Esta inició la demanda de divorcio por malos tratos y, durante el proceso, ella estuvo resguardada en el convento de La Esperanza de Bilbao[37]. Fue el abuelo materno, Juan Ignacio de Larrinaga, quien obtuvo la custodia de su nieto, Mariano[38]. Este es el único caso en el que se tiene constancia que miembros de la familia se hicieron cargo de los hijos del matrimonio. Cabe decir que eso era algo esperable porque, cuando los hijos eran menores de edad, alguien tendría que encargarse de ellos, pero la documentación manejada no suele explayarse al respecto.

LAS FAMILIAS

Asimismo, cabría preguntarse qué actitud tomaron los familiares de los respectivos cónyuges ante estas situaciones. No hay que perder de perspectiva la importancia que se les concedía a las apariencias, "el qué dirán" en aquella época, por lo que se podría imaginar que estas situaciones no eran de su agrado. Sin embargo,

[34] ACC: 20.220.22.
[35] ACC: 20.145.27
[36] ACC: 20.229.09.
[37] ACC: 20.234.32.
[38] ACC: 20.167.21.

la documentación refleja que fueron muchas las que apoyaron a sus integrantes femeninas, de ahí que se pueda determinar que no hubiese una postura única.

Ya se ha indicado como, muchas de las mujeres eran acogidas por sus familiares cuando iniciaban los procesos de divorcio. Ese fue el caso, por ejemplo, de Magdalena de Albístur, vecina de Usúrbil (Guipúzcoa), quien encontró cobijo en casa de su madre[39], o Isabel de Berroa, vecina de Irún (Guipúzcoa), quien huyó hasta tres veces del hogar conyugal y se refugió con su madre[40]. Muchas veces, las esposas huían a otra localidad, es decir, ponían una distancia geográfica con su agresor, como hizo Francisca Vélez de Elorriaga, vecina de Salvatierra (Álava), quien buscó refugio en casa de familiares en Vitoria[41]. Los familiares solían acogerlas, como hizo María Ventura de Padura, vecina de Bilbao, quien huyó de su marido Francisco de Iturbe y Caterán, y encontró resguardo en la casa de su sobrino y presbítero Manuel de Arteche y Padura[42], aunque como se ha visto con los dos ejemplos guipuzcoanos previos, el destino habitual de las mujeres que abandonaban el hogar conyugal, fueron sus madres.

Otro ejemplo del apoyo familiar fue la ayuda a la hora de interponer las denuncias por malos tratos. Así, por ejemplo, en el año 1569 llegó a la Chancillería de Valladolid el pleito iniciado por María Sáez de Aguirre, como madre de María Ortiz de Arbolancha Arana, contra su yerno María de Barraondo, siendo todos ellos vecinos de Bilbao, debido a los malos tratos y amenazas de muerte realizadas por este último a su esposa (e hija de la primera)[43]. Por su parte, Juana de Aranda, vecina también de Bilbao, solicitó el divorcio de su marido Alejandro de Ainza en el año 1742 alegando malos tratos y amenazas de muerte tanto a ella como a su hija. La documentación

[39] ACC: Secr. Oteiza C/1044 - n.º 19.
[40] ACC: Secr. Ollo C/1538 - n.º 27.
[41] ACC: 20.148.04.
[42] ACC: 20.145.14.
[43] ARChV: Sala de Vizcaya. Caja 4284.0011.

indica que Domingo de Aranda, el padre de ella, lo denunció ante el corregidor, por lo que Alejandro terminó en la cárcel[44].

Respecto a la prisión, y como se ha podido leer, este caso de Alejandro no fue el único, ya que se ha mencionado a distintos maridos que pisaron el suelo carcelario como consecuencia de las palizas propinadas a sus esposas. Como detalla Tomás Mantecón, cuando un hombre se casaba, constituía una casa, en la cual él, al ser el padre de familia, se encargaba del gobierno y administración de las personas que la componían, pero ese poder no era ilimitado ante la comunidad de vecinos ni ante la justicia ordinaria. Esta podía intervenir si las agresiones de los esposos hacían prever un desenlace dramático[45]. De ahí que Alejandro Ainza, pero otros ya mencionados como Sebastián Roque de Rementería o Domingo de Álava y Álvarez de Bustamante y Esquivel, terminasen en las cárceles por orden de la justicia.

También es posible encontrar situaciones de apoyo familiar cuando se está denunciando el delito de estupro. Así, Martín de Anda Salazar, vecino de Vitoria, delató, entre otros, a Pedro de Álava Arista y a Carlos de Álava por el rapto y estupro cometido sobre su hija, Mariana[46]. Es más, padre e hija también litigaron en Valladolid contra Pedro de Álava, al que acusaron de haber coaccionado a los testigos a que cometiesen perjurio en el juicio de la instancia judicial anterior, es decir, en el celebrado en tierras vascas[47]. De hecho, el padre también se querelló contra Martín de Ubilla, vecino de Elgóibar (Guipúzcoa) y natural de Ondárroa (Vizcaya), y también ante la Real Chancillería de Valladolid por un libelo realizado por el denunciado y que el padre consideraba que difamaba el honor de Mariana[48]. Como indica Javier Ruiz Astiz, los libelos fueron unas publicaciones muy utilizadas durante la Edad Moderna, y uno de los elementos que más los caracterizaron fue que se utilizaron para

[44] ACC: 20.149.12.

[45] Mantecón Movellán, Tomás Antonio: "Desviación, disciplina social e intervenciones judiciales en el Antiguo Régimen", *Studia Historica. Historia Moderna*, n.º 14, 1996, p. 227.

[46] ATHA: DAH-FVAR-029-006.

[47] ARChV: Registro de Ejecutorias. Caja 1848.40.

[48] ARChV: Sala de Vizcaya. Caja 1922.0004.

manifestar rencores y odios personales hacia alguien. Se podría decir que el objetivo último era herir y deshonrar la fama de una persona[49], en este caso el de Mariana, que había sido víctima de un delito de rapto y otro de estupro.

Por su parte, en la localidad guipuzcoana de Vergara, en el año 1794, Mateo de Alaiza, en nombre de su hija Manuela, denunció a Pedro Manuel de Unamuno por el delito de estupro y, en consecuencia, el embarazo de su hija[50]. En otros casos, la familia no pudo intervenir y ayudar a las mujeres, porque estas eran huérfanas; ese fue el caso de María Manuela de Solaberrieta, quien era huérfana, soltera y vecina de San Sebastián, y fue ella quien denunció a José Antonio de Tellería por estupro y posterior embarazo[51].

---

[49] Ruiz Astiz, Javier: *La fuerza de la palabra escrita. Amenazas e injurias en la Navarra del Antiguo Régimen*. Pamplona: EUNSA. Ediciones de la Universidad de Navarra, 2012, p. 36.

[50] AGG: COCRI489,3.

[51] AGG: COCRI497,6.

CAPÍTULO 8

LOS ESPACIOS DE LA VIOLENCIA Y LOS MALOS TRATOS

El hogar familiar se presenta como el espacio más habitual para llevar a cabo los actos de violencia y de malos tratos. Oihane Oliveri Korta, en su estudio sobre las mujeres y las casas guipuzcoanas durante el siglo XVI, identificó la casa como una pieza clave en la forma de hacer sociedad: las mujeres participaban en la administración de patrimonios y en los gobiernos domésticos de las casas[1]. De hecho, por ejemplo, en el proceso de divorcio entre Joaquín de Aranguren y Úrsula Villalón, vecinos de Bilbao, el hijo de Joaquín estuvo presente en el juicio y declaró que Úrsula se encargaba de todas las tareas del hogar y de los miembros que vivían en la misma, y que solo salía de ella cuando asistía a misa[2]. Por lo tanto, se podría decir que existía un nexo estrecho entre el hogar y las mujeres.

La documentación manejada también refleja esa conexión. Tomemos de ejemplo las labores realizadas por las mujeres; no nos referimos a las tareas domésticas, sino a las que se podrían definir como profesionales (sin realizar, por supuesto, ningún menoscabo a las tareas del hogar). Los trabajos de muchas de ellas se llevaban a cabo en sus casas; por ejemplo, Cecilia de la Cuadra y su hija Manuela Rada, vecinas de Bilbao a finales del siglo XVIII, se dedicaron a actividades relacionadas con la pintura y costura y las realizaban en su casa[3]. Por su parte, también hubo parteras, como fue el caso de María Ventura de Goitiz, vecina de Arrieta, localidad rural y del interior de Vizcaya[4]. Las parteras o comadres también trabajaban en casas, aunque no fuesen las suyas propias, porque es donde tenían

---

[1] Oliveri Korta, Oihane: *Mujer y herencia en el estamento hidalgo guipuzcoano durante el Antiguo Régimen (siglos XVI-XVIII)*. Donostia-San Sebastián: Diputación Foral de Gipuzkoa, pp. 15-17.

[2] AHFB: JCR1097/020.

[3] ACC: 20.222.2.

[4] ACC: 20.148.25.

lugar los partos. Otra actividad que realizaban eran los reconocimientos médicos, como fue el caso de Lucía Martínez López, vecina de Lecamañana, localidad del norte de Álava, quien en el año 1755 fue examinada por la comadrona de la localidad, ya que su marido José de Barrenengoa decía que ella tenía impotencia perpetua, lo que motivaba la no consumación del matrimonio[5]. Otra profesión ejercida por las mujeres era el de criada y, ya se ha señalado, la violencia, los abusos y, especialmente, el desprestigio sufrido por este colectivo. Independientemente de las actividades y de las labores profesionales, lo que queda claro es el protagonismo que el interior de las casas tenía para las mujeres.

De ahí que la documentación refleje ese protagonismo de la casa como el espacio donde los episodios de violencia y malos tratos tenían lugar porque, precisamente, era el espacio y hábitat cotidiano de las mujeres. Así, por ejemplo, en su demanda de divorcio, la ya mencionada Francisca Unibaso, vecina de Baquio en Vizcaya, describió cómo en una ocasión su marido, Lucas Ugarte, ayudado por la mujer con la que vivía amancebado, la habían agarrado y con violencia la habían sentado en la lumbre, dejándole, en consecuencia, las partes traseras quemadas[6]. Por su parte, María Joan de Altuna, vecina de Tolosa (Guipúzcoa) indicó que su marido la tuvo encerrada en casa bajo llave durante más de seis meses, en los que no le dejaba salir ni para ir a misa[7]. Asimismo, Manuela de Echavarría, vecina de Lequeitio (Vizcaya) también indicó que su marido, Gaspar de Eguizaburuaga, la dejó encerrada en casa aprovechando que la criada se había marchado[8].

Por su parte, María Sáenz de Armézola, vecina de Bilbao, indicó que su marido, Diego de Ugarte, solía tirarla por las escaleras de la casa, mientras que, en otras ocasiones, la dejaba encerrada en el balcón sin dejarla entrar a la misma[9]. También en Bilbao, pero a finales del siglo XVIII, Jerónima Remigio de Zumelzu declaró que,

---

[5] ACC: 20.220.18.
[6] ACC: 20.151.02.
[7] ADP: Secre. Marichalar C/477-n.º 40.
[8] ACC: 20.222.12.
[9] ACC: 27.139.20.

en más de una ocasión, su marido, el irlandés Patricio Mac Mahon, le había impedido la entrada al hogar, obligándole a pasar la noche a la intemperie o en casa de conocidos[10]. Es decir, que en estos dos casos, las mujeres no pudieron entrar en sus casas, mientras que en los tres anteriores, no podían salir.

Otra cuestión por plantearse, pero también relacionada con las casas, era su localización geográfica. Lo habitual era que las parejas viviesen en la zona central de las localidades y rodeados de vecinos; de hecho, en muchas ocasiones se indica que estos conocían lo que acontecía en esos matrimonios y estaban escandalizados e, incluso, temían a los maridos, como expresaron las alavesas María de Aguirre, vecina de Larrimbe, y María Antonia de Murga, vecina de Murga[11]. En otras descripciones, las mujeres indican que, precisamente, gracias a la aparición e intervención de los vecinos, los abusos no terminaron con sus vidas. Así, por ejemplo, en el año 1693, Úrsula de Arraga y vecina de Vitoria, indicó que su marido, Juan de San Juan, no solo la había amenazado de muerte con frecuencia, sino que también lo había intentado en diversas ocasiones y, que estaba convencida de que él lo hubiera conseguido de no haber concurrido en sus discusiones y altercados vecinos y personas que con su asistencia impidieron que ella falleciese[12].

Sin embargo, en otros casos, se señala que las casas de los matrimonios estaban muy alejadas de los vecinos de la localidad, como fueron los casos de Catalina de Inchaurriandiaga, vecina de Alquiza (Guipúzcoa)[13] o el de Catalina Arandoño Aldecoa, vecina de Mallavia (Vizcaya). Esta última indicó que la casa familiar estaba a media legua del centro de la localidad vizcaína y que se debía tomar un camino fragoso para llegar a la misma[14]. Es decir, según las esposas, esa lejanía las dejaba desprotegidas y desamparadas frente a los abusos de los maridos, ya que no había nadie quien las pudiera ayudar ni socorrer.

---

[10] ACC: 20.147.19.
[11] ACC: 20.150.05; 20.148.08.
[12] ACC: 27.723.19.
[13] ADP: Secr. Oteiza C/1107-n.º 23
[14] ACC: 20.234.17.

También hubo situaciones en las que la violencia sufrida por las mujeres se dio fuera del hogar familiar, aunque también en espacios cerrados. Ese fue el caso de las tabernas, donde jóvenes, pero también mujeres más maduras ofertaban sus cuerpos como solución a las necesidades de sustento. Es decir, donde ejercían la prostitución. Sin embargo, también eran el espacio donde sufrían vejaciones de clientes, taberneros e, incluso, de las autoridades[15].

Las tabernas, pero también las tiendas fueron el espacio donde se llevaron casos de delito de estupro. Una vez más, se trata de espacios cerrados, los cuales permitían, en cierta manera, esconder y proteger la identidad del sujeto agresor. Además, en el caso de las tabernas, debido al ruido que solía haber en las mismas, se disimulaban los posibles gritos de las víctimas de violación y de la violencia.

Otro espacio cerrado a tener en cuenta es el religioso. Por una parte, se han mencionado situaciones ocurridas en iglesias o en ermitas y, en ocasiones, durante las propias celebraciones religiosas de la misa u otras circunstancias. También se han recogido las vivencias sufridas por las beatas y las monjas, mujeres todas ellas vinculadas a la religión cristiano-católica, pero a las que su estatus piadoso y devoto no las protegió de la violencia. Es decir, ni la casa del Señor se pudo zafar de aquellas circunstancias de abusos.

Finalmente, no hay que descartar los espacios abiertos como lugar de perpetración de la violencia y de los abusos sufridos por las mujeres. Eso sí, por lo habitual, solían ser sitios alejados y poco transitados como, por ejemplo, los caminos. Ese fue el caso del matrimonio formado por Antonio de Gorordo y María de Ansobiaga, vecinos de Gatica (Vizcaya): ella indicó que los malos tratos habían sido continuos a lo largo de los años y, como una noche, él espero a que ella se durmiese y se le echó con las manos a la garganta para ahogarla. Como no lo logró, al de unos días y utilizando una serie de pretextos, le pidió que lo acompañase a Bilbao y, por el camino, la atacó con un palo que acabó hecho trozos, lo que refleja la dureza con la que Antonio lo utilizó contra María[16]. Por su parte, María

[15] Rivera Medina, Ana María: "Del mar a la taberna: el vino de Bilbao (ss. XV-XVII)", *Itsas-memoria: Revista de estudios marítimos del País Vasco*, n.º 6, 2009, pp. 624-625.
[16] ACC: 20.146.13.

Ochoa de Gorroño mantuvo pleito contra Juan Pérez de Lamíquiz, siendo ambos vecinos de Durango (Vizcaya), y este litigio llegó a la instancia vallisoletana en el año 1533, porque la primera denunció al segundo por violencia, abusos e intento de violación en los molinos de Ara, que estaban situados en el camino y puente de Yurreta[17]. Sin embargo, cabe mencionar que la mención de los espacios al aire libre es escasa, seguramente porque los espacios cerrados ofrecían mayor seguridad y privacidad a la hora de ejecutar los golpes y demás abusos sobre las mujeres.

En relación al ámbito geográfico, a lo largo del presente escrito, se han recogido casos y ejemplos que tuvieron lugar tanto en la costa como en el interior, y en la zona rural, pero también en la urbana de los Territorios Históricos Vascos. Se podrá observar con mayor detalle esas localizaciones en el mapa que se adjunta en el apartado final de los Anexos.

Asimismo, y respecto al territorio vizcaíno, Andrea Grande Pascual, en su tesis doctoral sobre la violencia interpersonal en el Señorío de Vizcaya entre los años 1766 y 1841, señaló que el mundo urbano recogió más casos de violencia simplemente porque la concentración de población era mayor[18]. En nuestro caso, también se ha podido constatar que los casos acontecidos en el mundo urbano son más elevados y, entre estos, destacó la villa de Bilbao, precisamente, por ese motivo poblacional. Y, también es esa a la conclusión que se ha llegado: como el número de pobladores era mayor, la cifra de violencia y malos tratos también lo era.

[17] ARChV: Sala de Vizcaya. Caja 0361.0001.

[18] Grande Pascual, Andrea: *La violencia interpersonal en el Señorío de Vizcaya durante las crisis del Antiguo Régimen (1766-1841)*. Tesis Doctoral, Universidad del País Vasco, 2019, p. 111.

A MODO DE CONCLUSIONES

A lo largo de estas páginas, y utilizando múltiples fuentes documentales como son las eclesiásticas, las judiciales y las notariales, especialmente las demandas de divorcio, pero también las bibliográficas, se ha podido vislumbrar la diversidad existente en las situaciones y en las circunstancias relacionadas con los conceptos de la violencia y de los malos tratos sufridos por las mujeres a manos de los hombres en los territorios de Álava, Guipúzcoa y Vizcaya.

Así, en primer lugar, se ha podido ver la diferenciación existente entre ambos términos: los malos tratos han sido utilizados como referencia a los abusos físicos o no, pero acontecidos en el ámbito doméstico y dentro de una unión matrimonial. Por el contrario, la violencia también podía ser física o no, pero no se refería solamente a coyunturas vividas en el hogar y entre personas con nexo conyugal, sino que esos episodios también podían abarcar a otras personas de esa familia o no, allegados o no, y conocidos o no por la víctima. Además, el espacio no se limitaba al hogar, sino que podía darse más allá de los límites del mismo. Por lo tanto, la utilización de dos términos distintos obedece a que se refieren a coyunturas diferentes, en las cuales el lazo de unión entre los sujetos y el espacio donde tenían lugar esos hechos no solamente eran distintos, sino quc también eran determinantes.

En segundo lugar, tanto la violencia como los malos tratos podían ser físicos o no. Es decir, se habla de una casuística física cuando el cuerpo sufre golpes e impactos ocasionados con las manos, por patadas o por una diversidad de instrumentos, como pudieron ser los palos, las espadas, las dagas, las hachas, etc. Podía tratarse también de simples cachetadas, o palizas y apaleamientos. Dentro de esos sucesos también quedarían clasificadas las circunstancias derivadas de los delitos de violaciones y de estupro, ya que estos requieren del contacto físico y, violencia mediante, se cometían esos delitos sobre las mujeres.

También hubo incidentes que quedarían abarcados dentro de la violencia verbal, como fueron los insultos, los agravios, las injurias o las amenazas de muerte. Además, estos solían ser acentuados por situaciones en las que las mujeres eran encerradas dentro de la casa, o no se las dejaba entrar a la misma al cerrar la puerta o dejarlas fuera de la misma y en el balcón. Estos últimos hechos tenían una gran y negativa influencia anímica en ellas.

Otro tipo de violencia recurrente fue la económica. Esta podía producirse de diversas maneras, como cuando los padres o los hermanos no abonaban el pago de los alimentos ni las pensiones que esas mujeres debían cobrar para su sostenimiento y amparo. Otra opción se daba cuando los maridos habían despilfarrado la dote matrimonial que ellas habían aportado al contraer matrimonio.

Por otro lado, hay que subrayar el protagonismo de las mujeres en el papel de sujeto pasivo de estas relaciones entre géneros. Además, estas podían ser tanto laicas como religiosas, es decir, que la profesión de unos votos religiosos no garantizaba la seguridad ni la integridad física. Estas mujeres tampoco quedaban protegidas en relación a otros aspectos tales como podían ser la edad que tuviesen o el estatus social mantenido. Es decir, que el mero hecho de ser mujer es lo que determinaba el ser o no ser víctima de la violencia y de los malos tratos, y no otros elementos ni fundamentos.

Sobre el sujeto activo, es decir, la persona que ejecutaba las acciones violentas, lo habitual fue que los esposos ejerciesen ese papel. Sin embargo, también se ha visto la presencia de otros hombres de la familia, como fueron padres o hermanos, pero también otros ajenos al vínculo familiar.

Cabría preguntarse qué sucedió respecto a los maridos y si sufrieron alguna consecuencia por el uso de la violencia y de los malos tratos. Nos consta que hubo maridos que estuvieron encerrados en cárceles, a donde solían ser enviados por los corregidores. Ese fue el caso de los ya mencionados Baltasar de Balsarrate y Lucas de Ugarte, o el del vitoriano Domingo Álava y Álvarez de Bustamante y Esquivel quien estuvo en la ciudadela de Pamplona. Finalmente, también estuvieron en la cárcel varios maridos guipuzcoanos, como fue el caso de Francisco de Muguerza, vecino de Elgóibar, o Juan de

Ayestarán Goyena, vecino de Zaldivia. Todos estos pisaron la cárcel antes de que sus esposas solicitasen el divorcio, o durante ese proceso, por lo que está claro que los ordenamientos jurídicos de la época castigaban las situaciones consideradas violentas y de malos tratos.

Otra pregunta por plantearse sería qué motivaba esa violencia y esas circunstancias de maltratos. Una razón que se puede leer con frecuencia en los documentos manejados es la afición al vino de los hombres, es decir, el alcoholismo. Además, los motivos económicos, es decir, sus deudas y los deseos de que sus mujeres les cediesen propiedades o dinero también son mencionados reiteradamente. Las supuestas infidelidades de sus esposas también eran otro supuesto, ya que, en estos casos, ellos sentían que habían sido deshonrados por sus cónyuges. Además, no se puede obviar el papel secundario que ostentaba la mujer en aquellas centurias, categoría que pudo envalentonar a algunos hombres, porque no hay que olvidar que la sumisión de la esposa respecto al marido era lo lógico y deseable en aquella sociedad.

Cabría preguntase por la imagen que estos hombres dejaban en la sociedad que les rodeaba. ¿Eran señalados con un dedo acusador? O, por el contrario, quizás esas acusaciones apenas sí tenían repercusión social debido a la normalización que había respecto a la violencia y malos tratos sobre la mujer. Hay indicar que hubo casos en los que las mujeres también acusaron a la familia del marido (concretamente al padre/suegro) de utilizar la violencia contra ellas. Considero que la documentación deja claro que, aunque el número de casos de violencia y malos tratos era alto, los juicios por demanda de divorcio, la estancia de muchos esposos en las cárceles, o el apoyo de las familias de las mujeres reflejan que la sociedad no siempre hizo la vista gorda ante estas circunstancias, por lo que se podría hablar de una censura a los hombres y a sus prácticas de malos tratos, siempre que estos pusiesen en peligro la vida de las esposas, es decir, que fuesen excesivos.

En relación a las mujeres, la documentación refleja cómo, en muchas ocasiones, recibieron la protección de la familia: por ejemplo, acogiéndolas cuando abandonaban el hogar, apoyándolas en los procesos de divorcio e, incluso, teniendo la custodia de los hijos del matrimonio divorciado. Es decir, que no fueron dejadas de lado por sus familiares. Ante esta ayuda y amparo cabría preguntarse si estamos frente verdaderas muestras de cariño y amor. Sin embargo, no hay que olvidar que, en aquellos siglos, el honor de las familias recaía sobre las mujeres, ¿quizás esta actitud era una defensa del nombre del clan y no tanto de sus integrantes femeninas?

En relación a los castigos, se puede ver una clara diferenciación. Cuando los sujetos activo y pasivo formaban un matrimonio, como se acaba de indicar, lo habitual fue que el esposo fuera enviado a la cárcel. Además, la solicitud (y obtención) del divorcio también puede ser vista como una sanción, ya que cesaba la convivencia y la cohabitación matrimonial, y muchos esposos fueron obligados a abonar una renta de alimentos a sus mujeres. Por el contrario y, cuando no mediaba vínculo matrimonial alguno, las sanciones oscilaban entre la pena de muerte, pero también el envío a galeras, los azotes o el simple pago pecuniario. Por lo tanto, podría deducirse que el vínculo matrimonial sí marcaba una diferencia y, por lo habitual, las sanciones recibidas solían ser consideradas más leves que las que recibían los hombres que no mantenían un lazo conyugal con las mujeres a las que habían atacado.

Cabe indicar que, si bien en una cifra bastante inferior, también hubo mujeres que actuaron como sujetos activos en episodios de violencia y de malos tratos. Y, los sujetos pasivos, pudieron ser tanto otras mujeres como hombres, siendo estos, por lo habitual, sus propios esposos. Como ya se ha mencionado, el número de estos casos es mucho menor, y hay que barajar distintas circunstancias para explicar ese desierto documental: en primer lugar, que las mujeres, simplemente, actuaron menos; en segundo lugar, que la otra parte denunciara menos cuando las agresiones eran ocasionadas por el género femenino; y, finalmente, que las autoridades no se tomasen estos casos con la misma seriedad que cuando el agresor era masculino.

Finalmente, otro punto a señalar es que se han tratado casos, en los cuales la privacidad de la vida familiar se hacía pública: se presentaba una denuncia, había un juicio en el cual los testigos declaraban, el juez pronunciaba una sentencia, etc. Es decir, que lo cotidiano y lo privado, la historia de los dormitorios y del hogar, salían a la luz pública, donde les esperaban el escrutinio de los vecinos y de la sociedad. Por eso, teniendo en cuenta el peso que tenía "el qué dirán" en aquellos tiempos, habría que plantearse hasta qué punto influyeron las indagaciones y las preguntas, el saber que la vida personal y privada dejarían de serlo como tal, ya que las vidas quedarían expuestas a la curiosidad vecinal.

Archivo de la Real Chancillería de Valladolid [ARChV]

Causas Secretas. Caja 23, 2

JUS, 23772

Pl Civiles, Alonso Rodríguez (OLV). Caja 0642.0001

Registro de Ejecutorias. Caja 0333.0011

Registro de Ejecutorias. Caja 0361.0003

Registro de Ejecutorias. Caja 0864.0012

Registro de Ejecutorias. Caja 0900.0012

Registro de Ejecutorias. Caja 1301.0043

Registro de Ejecutorias. Caja 1848.40

Registro de Ejecutorias. Caja 2331.0015

Registro de Ejecutorias. Caja 2268.0036

Salas de lo Criminal. Caja 1183.0005

RGS, LEG, 150006, 312

Sala de lo Criminal. Caja 1196.0005

Sala de Vizcaya. Caja 0060.0004

Sala de Vizcaya. Caja 0361.0001

Sala de Vizcaya. Caja 1441.0003

Sala de Vizcaya. Caja 1922.0004

Sala de Vizcaya. Caja 3111.0003

Sala de Vizcaya. Caja 3508.0004

Sala de Vizcaya. Caja 4223.0008

Sala de Vizcaya. Caja 4245.0004

Sala de Vizcaya. Caja 4258.0009

Sala de Vizcaya. Caja 4284.0011

Archivo General de Simancas [AGS]

CRC, 128.7	CRC, 638.17

Archivo de la Catedral de Calahorra [ACC]

20.145.04	20.148.19	20.229.09
20.145.28	20.148.24	20.234.05
20.145.13	20.148.25	20.234.09
20.145.14	20.149.11	20.234.17
20.145.25	20.149.12	20.234.29
20.145.27	20.150.05	20.234.31
20.146.06	20.150.06	20.234.32
20.146.13	20.150.08	20.234.48
20.147.06	20.151.02	20.234.50
20.147.15	20.151.03	27.139.07
20.147.19	20.151.13	27.139.20
20.147.23	20.151.17	27.227.18
20.147.25	20.167.04	27.298.04
20.148.04	20.167.19	27.321.12

20.148.08	20.167.21	27.529.16
20.148.09	20.220.18	27.529.20
20.148.11	20.220.22	27.723.19
20.148.13	20.221.02	
20.148.16	20.222.12	

Archivo Diocesano de Pamplona [ADP]

Secr. Almándoz. C/2041-n.º 16

Secr. Cascante. C/34-n.º 12

Secr. Echalecu C/1240-n.º 8

Secr. Echalecu C/1395-n.º 1

Secr. Echalecu C/1428-n.º 2

Secr. Garro C/166-n.º 5

Secr. Garro C/230-n.º 4

Secr. Marichalar C/477-n.º 40

Secr. Mazo C/559-n.º 24

Secr. Navarro C/2378-n.º 11

Secr. Ollo C/1452-n.º 7

Secr. Ollo. C/818-n.º 21

Secr. Ollo C/863-n.º 9

Secr. Ollo C/988-n.º 2

Secr. Ollo C/1477-n.º 20

Secr. Ollo C/1538-n.º 27

Secr. Oteiza C/1044-n.º 19

Secr. Oteiza C/1107-n.º 23

Secr. Treviño C/106-n.º 16

Secr. Treviño C/384-n.º 4

Secr. Villanueca C/1774-n.º 4

Secr. Villava C/2092-n.º 2

Secr. Ollo. C/647-n.º 4

Secr, Ollo. C/675-n.º 20

Secr. Villava C/2214-n.º 14

Secr. Villava C/2216-n.º 14

Archivo Histórico Foral de Bizkaia [AHFB]

AJ00217/009

Bilbao Antigua 0309/001/004

Bilbao Tercera 0028/017

JCR0002/021

JCR0019/004

JCR0368/021

JCR0409/044

JCR0422/001

JCR0564/009

JCR0506/002

JCR0609/012

JCR0727/012

JCR0843/019

JCR1144/105

JCR1399/040

JCR1713/007

JCR2670/061

JCR2683/005

JCR3147/017

JTB0640/002

JTB0858/019

Archivo General de Gipuzkoa [AGG]

COCRI106,3

COCRI173,1

COCRI192,6

COCRI240,5

COCRI119,4

COCRI178,1

COCRI1881,1

COCRI250,7

COCRI121,1

COCRI18,2

COCRI213,9

COCRI295,7

COCRI296,2 COCRI324,1 COCRI326,11
COCRI342,8 COCRI358,4 COCRI370,3
COCRI400,3 COCRI403,11 COCRI41,13
COCRI420,1 COCRI43,14 COCRI411,6
COCRI457,3 COCRI461,6 COCRI475,7
COCRI481,3 COCRI489,3 COCRI489,6
COCRI493,4 COCRI495,12 COCRI497,6
COCRI53,15 COCRI64,2

Archivo Territorial Histórico de Álava [ATHA]

DAH-FVAR-029-006 DAH-FVER-042-022

Archivo Histórico Eclesiástico de Bizkaia [AHEB]

1073792 133122
1075355 38773
1189656

Archivo Histórico Diocesano de Vitoria [AHDV]

153769

ARCHIVO HISTÓRICO PROVINCIAL DE GIPUZKOA [AHPG]

1/2590, F: 42R-43R.
1/1172, A: 106R-107R.
3/0297, A:95R-95V.

LEYES LEGALES EDITADAS

Fuero Real de Alfonso X el Sabio. Madrid: Leyes Históricas de España. Boletín Oficial del Estado, 2018.

Las Siete Partidas. Madrid: Leyes Históricas de España. Boletín Oficial del Estado, 2018.

Código Penal de 1848, Imprenta Nacional, Madrid, 1848

Fuero Nuevo de Vizcaya. Bilbao: Gráficas Bilbao, 1976.

Escritos de Unión y Concordia (1630).

BIBLIOGRAFÍA

"Pamplona, madre de diócesis, ha sido elevada a metrópoli". *Príncipe de Viana*, Año 69, n.º 245, 2008, pp. 535-541.

Álamo Martell, María Dolores: "La discriminación legal de la mujer en el siglo XIX", *Revista Aequitas: Estudios sobre historia, derecho e instituciones*, n.º 1, 2011, pp. 11-24.

Aldama Gamboa, Patricio: *Sexualidad, escándalo público y castigo en Bizkaia durante el Antiguo Régimen*. Tesis doctoral, Universidad del País Vacso / Euskal Herriko Unibertsitatea, 2015, Tomo I.

Álvarez Urcelay, Milagros: *Causando gran escándalo e murmuraçion. Sexualidad transgresora y su castigo en Gipuzkoa durante los siglos XVI, XVII y XVIII*. Vitoria-Gasteiz: Servicio Editorial de la Universidad del País Vasco, 2012.

—, *Transgresiones a la moral sexual y su castigo en Gipuzkoa durante los siglos XVI, XVII y XVIII*. Tesis doctoral, Universidad del País Vasco /Euskal Herriko Unibertsitatea, 2010.

Ángulo Morales, Alberto, Iker Etxeberria Ayllón: "Honor y reputación. Los procesos de divorcio en la sociedad vasconavarra del Setecientos", *Clío & Crímen. Revista del Centro de Historia del Crimen de Durango*, n.º 13, 2016, pp. 191-212.

Aranda Mendíaz, Manuel: *La mujer en la España del Antiguo Régimen. Historia de género y fuentes jurídicas*. Editor M. Aranda, 2008.

Aragón Ruano, Álvaro: "Mujeres y conflictividad familiar en Guipúzcoa durante el Antiguo Régimen", *Ohm: Obradoiro de historia moderna*, n.º 21, 2012, pp. 29-54.

—, "Familia, mujer y conflictividad", *Boletín de la Real Sociedad Bascongada de Amigos del País*, Tomo 67, n.º 1-2, 2011, pp. 43-86.

Arjona Zurera, Juan Luis: *Mujer y familia en la Edad Moderna. Las causas de divorcio en el Tribunal Eclesiástico de Córdoba*. Tesis doctoral, Universidad de Córdoba, 2016.

Atienza López, Ángela: "De beaterios a conventos: nuevas perspectivas sobre el mundo de las beatas en la España moderna", *Historia social*, n.º 57, 2007, pp. 145-168.

Azpiazu Elorza, José Antonio: *Historia de un rapto. Isabel de Lobiano y Pedro de Idiáquez, un retrato de la sociedad vasca a finales del siglo XVI*. Donostia-San Sebastián: Editorial Erein, 1999.

Bazán Díaz, Iñaki: "La violencia legal del sistema penal medieval ejercida contra las mujeres", *Clío & Crímen. Revista del Centro de Historia del Crimen de Durango*, n.º 5, 2008, pp. 203-227.

—, "El estupro. Sexualidad delictiva en la Baja Edad Media y primera Edad Moderna", *Mélanges de la Casa de Velázquez*, n.º 33, 2003, pp. 13-46.

Bernal Serna, Luis María: "Contenidos principales y conclusiones de la tesis doctoral Crimen y violencia en la sociedad vizcaína del Antiguo Régimen (1550-1808)", *Clío & Crímen. Revista del Centro de Historia del Crimen de Durango*, n.º 8, 2011, pp. 481-522.

Brugger, Eugene Christian: *The indissolubility of marriage and the Council of Trent*. Washington D.C.: Catholic University of American Press, 2017.

Campillos Páez, M. T., S. Causín Serrano *et al.*: "Dermatología. Escabiosis: revisión y actualización", *MEDIFAM*, n.º 12, 2002, pp. 40-54.

Campo Guinea, María del Juncal: *Comportamientos matrimoniales en Navarra (siglos XVI-XVII)*. Pamplona: Gobierno de Navarra, 1998.

—, "La fuerza, el otro lado de la voluntad. El matrimonio en Navarra en los siglos XVI-XVII", *Gerónimo de Ustariz*, n.º 11, 1995, pp. 71-87.

Candau Chacón, María Luisa: "Madres e hijas. Familia y honor en la España moderna", *Familias en el Viejo y el Nuevo Mundo*, Ofelia Rey Castelao, Pablo Cowen, (eds.), Buenos Aires: Universidad Nacional de la Plata, 2017, pp. 186-213.

Celis Valderrama, Nicolás: "El morbo gálico (sífilis) en la época colonial tardía: la tensión entre la moralidad jurídico-religiosa y la racionalidad higienista: el caso de la esclava Petrona. Santiago de Chile 1806-1808", *Revista de Historia Social y de las Mentalidades*, año 17, vol. 2, 2013, pp. 75-103.

Chacón Jiménez, Francisco, Josefina Méndez Vázquez: "Miradas sobre el matrimonio en la España del último tercio del siglo XVIII", *Cuadernos de Historia Moderna*, n.º 32, 2007, pp. 61-85.

Collantes de Terán de la Hera, María José: "Algunas consideraciones sobre el delito de adulterio: un proceso a finales del siglo XVIII", *Cuadernos de Historia del Derecho* n.º 20, 2013, pp. 331-352.

Córdoba de la Llave, Ricardo: "Consideraciones en torno al delito de agresión sexual en la Edad Media", *Clío & Crimen: Revista del Centro de Historia del Crimen de Durango*, n.º 5, 2008, pp. 187-202.

—, "Conflictividad social en los reinos hispánicos durante la Baja Edad Media... aproximación historiográfica", *Vínculos de Historia* n.º 3, 2004, pp. 34-53.

Costa, Maria: "El divorci a la Catalunya de l'Antic Règim: un fenomem femeni", *Butlletí de la Societat Catalana d'Estudis Històrics* n.º 19, 2008, pp. 179-196.

Dávila Mendoza, Dora Teresa: *Hasta que la muerte nos separe. El divorcio eclesiástico en el arzobispado de México, 1702-1800*. Tesis doctoral, El Colegio de México. Centro de Estudios Históricos, 1998.

Díaz Bodegas, Pablo: "La diócesis de Calahorra en la Edad Media y su consolidación a la sombra del poder", *Los espacios de poder en la España medieval: XII Semana de Estudios Medievales* José Ignacio de la Iglesia Duarte, José Luis Martín Rodríguez, (coords.). Logroño: Instituto de Estudios Riojanos, 2002, pp. 459-482.

Duñaiturria Laguarda, Alicia: "El maltrato a las mujeres en el siglo XVIII", *Clío & Crimen. Revista del Centro de Historia del Crimen de Durango*, n.º 12, 2015, pp. 91-108.

Echeberria Ayllón, Iker: *La plata embustera. Emociones y divorcio en la Guipúzcoa del siglo XVIII*. Vitoria-Gasteiz: Servicio de Publicaciones de la Universidad del País Vasco / Euskal Herriko Unibertsitatea, 2017.

Escudero, José Antonio: *Curso de Historia del Derecho. Fuentes e instituciones político-administrativas*. Madrid: Autor Editor, 1985.

Evangelisti, Silvia: *Nuns. A History of Convent Life 1450-1700*. Oxford: Oxford University Press, 2008.

Fauve-Chamoux, Antoinette: "El matrimonio, la viudedad y el divorcio". *Historia de la familia europea*, Barbagli, Marzio, David I. Kertzer, (coords.). Barcelona: Paidós Iberia, 2004, pp. 331-376.

Franco Rubio, Gloria: "La vivienda en el Antiguo Régimen: de espacio habitante a espacio social". *Chronica Nova*, n.º 35, 2009, pp. 63-103.

Gacto Fernández, Enrique: "La filiación no legítima en la Historia del Derecho Español", *Anuario de historia del derecho español*, n.º 41, 1971, pp. 899-944.

García Andrés, Paulino: "Un caso de estupro en Retortillo (Soria), 1784", *Revista de Folklore. Fundación Joaquín Díaz*, n.º 487, septiembre 2022, pp. 73-94.

García González, Francisco: "Introducción al dossier: el trabajo doméstico y sirvienta en la Europa rural (ss. XVI-XIX). Diversidad de modelos regionales y formas de dependencia", *Mundo Agrario*, Vol. 18, n.º 39, 2017, pp. 1-6.

García Herrero, María del Carmen: "La marital corrección: un tipo de violencia aceptado en la Baja Edad Media", *Clío & Crimen. Revista del Centro de Historia del Crimen de Durango*, n.º 5, 2008, pp. 39-71.

Gil Ambrona, Antonio: *Historia de la violencia contra las mujeres. Misoginia y conflicto matrimonial en España*. Barcelona: Ediciones Cátedra, 2008.

—, "Las mujeres bajo la jurisdicción eclesiástica: pleitos matrimoniales en la Barcelona de los siglos XVI y XVII". *Nuevas preguntas, nuevas miradas: fuentes y documentación para la historia de las mujeres (siglos XIII-XVIII)*, Birriel Salcedo, Margarita María, (coord.). Granada: Universidad de Granada, 1992, pp. 113-138.

Gómez Bravo, Gutmaro: "Guerrilleros, vecinos y asaltantes: imagen y realidad del bandolerismo", *Historia Contemporánea*, n.º 33, 2006, pp. 665-686.

González Mínguez, César: "Sobre historia de las mujeres y violencia de género", *Clío & Crimen: Revista del Centro de Historia del Crimen de Durango*, n.º 5, 2008, pp. 13-23.

Grande Pascual, Andrea: "El perdón de la parte ofendida como mecanismo para la resolución de crímenes violentos en la Bizkaia de fines del Antiguo Régimen (1766-1841)", *Clío & Crimen: Revista del Centro de Historia del Crimen de Durango*, n.º 18, 2021, p. 49-64.

—, "Mujeres violentas y mujeres violentadas: la presencia femenina en la criminalidad vizcaína a finales del Antiguo Régimen", *Clío & Crimen. Revista del Centro de Historia del Crimen de Durango*, n.º 17, 2020, pp. 297-312.

—, *La violencia interpersonal en el Señorío de Vizcaya durante las crisis del Antiguo Régimen (1766-1841)*. Tesis Doctoral, Universidad del País Vasco, 2019.

—, "Violencia y sociedad. Principales causas de agresión en Vizcaya a finales del Antiguo Régimen". *Mundo hispánico: cultura, arte y sociedad*, Lobato Fernández, Abel, Esperanza de la Reyes Aguilar, (coords.). León: Universidad de León, 2019. pp. 117-136.

—, "El delito de injurias en la documentación procesal vizcaína a finales del Antiguo Régimen (1766-1841)", *Clío & Crimen. Revista del Centro de Historia del Crimen de Durango*, n.º 13, 2016, pp. 213-232.

—, Iñaki Reguera Acedo: "El bandolerismo en las provincias vascas durante la ocupación napoleónica (1808-1814)", *Clío & Crímen. Revista del Centro de Historia del Crimen de Durango*, n.º 16, 2019, pp. 179-194.

Hall, Dianne, Elizabeth Malcolm: "Sexual and Family Violence in Europe", *The Cambridge World History of Violence*, Antony, Robert, Stuart Carroll, Caroline Dodds Pennock, (eds.). Cambridge: Cambridge University Press, Volume 3, 2020, pp. 274-291.

Hardwick, Julie: *Family Bussiness. Litigation and the Political Economies of Daily Life in Early Modern France*. Oxford: Oxford University Press, 2009.

—, "Early Modern Perspectives on the Long History of Domestic Violence: The Case of Seventeenth-Century France", *The Journal of Modern History*, vol. 78, n.º 1, March, 2006, pp. 1-36.

Hernández Bermejo, María Ángeles: "La familia como espacio de conflictos en Extremadura durante la Edad Moderna", *Norba: Revista de historia*, n.º 27-28, 2014-2015, pp. 373-385; "Algunas reflexiones sobre el estudio de la violencia en el ámbito familiar en Extremadura (siglos XVI-XIX)", *Norba: Revista de historia*, n.º 24, 2011, pp. 79-84.

Hernández Franco, Juan; José Javier Ruiz Ibáñez: "Conflictividad social en torno a la limpieza de sangre en la España moderna", *Investigaciones históricas: época moderna y contemporánea*, n.º 23, 2003, pp. 35-56.

Iglesias Estepa, Raquel: "Violencia física y verbal en la Galicia de finales del Antiguo Régimen", *Semanata: Ciencias sociais e humanidades*, n.º 19, 2008, pp. 135-157.

Intxaustegi Jauregi, Nere Jone: "Abuelas defendiendo a sus nietas: un caso de asesinato en el San Sebastián del siglo XVII", *Avisos de Viena* 5 (8/2023), pp. 34-42.

—, "Divorce in early modern Bilbao", *Gender and Divorce in Europe: 1600-1900. A Praxeological Perspective* Grieserben, Andrea, Eudoxios Doxiadis, (ed.). Londres: Routledge, 2023, pp. 70-83.

—, "Violencia y malos tratos en los matrimonios (Vizcaya, siglos XVII-XVIII), *Clío & Crímen. Revista del Centro de Historia del Crimen de Durango*, n.º 19, 2022, pp. 47-61.

—, "Conventos. Refugio de mujeres divorciadas tras el Concilio de Trento". *Avisos de Viena* n.º 4 /7, 2022, pp. 8-13.

—, Escribanos *y escribanías en el Señorío de Vizcaya durante la Edad Moderna*, Marcial Pons, Madrid, 2021.

—, "Crimen y castigo: los conventos femeninos vascos durante la Edad Moderna (siglos XVI-XVII)", *Revista del Centro de Historia del Crimen de Durango* n.º 17, 2020, pp. 197-210.

—, *La mujer religiosa en Bizkaia durante los siglos XVI-XVIII*. Bilbao: Diputación Foral de Bizkaia, 2018.

Lacarra Sanz, Eukene: "El peor enemigo es el enemigo en casa. Violencia de género en la literatura medieval", *Clío & Crimen. Revista del Centro de Historia del Crimen de Durango*, n.º 5, 2008, pp. 228-266.

Lizarralde, José Adriano: "Orígenes de la vida claustral en el País Vasco", *I Congreso de Eusko Ikaskuntza*, Oñate, 1918, pp. 590-617.

Lobo Cabrera, Manuel: "Violencia sexual en Canarias en el siglo XVI: estupro, violación y denuncia falsa", *Revista de Historia moderna: Anales de la Universidad de Alicante*, n.º 39, 2021, pp. 335-369.

López Cordón, María Victoria: "Familia, sexo y género en la España moderna", *Studia histórica. Historia moderna*, n.º 18, 1998, pp. 105-134.

Lorenzo Cadarso, Pedro Luis: "Los malos tratos a las mujeres en Castilla en el siglo XVII", *Brocar. Cuadernos de Investigación Histórica*, n.º 15, 1999, pp. 119-136.

Lorenzo Pinar, Francisco Javier: "La mujer y el tribunal diocesano en Zamora durante el siglo XVI: divorcios y nulidades matrimoniales", *Studia Zamorensia* n.º 3, 1996, p. 77.

Llorente de Pedro, Pedro-Alejo: "Modalidades de la ejecución penitenciaria en España hasta el siglo XIX", *Anuario de Derecho Penal y Ciencias Penales*, n.º 57-1, 2004, pp. 311-386.

Macías Domínguez, Alonso Manuel, María Luisa Candau Chacón: "Matrimonios y conflictos: abandono, divorcio y nulidad eclesiástica en la Audiencia moderna (Arzobispado de Sevilla, siglo XVIII)", *Revista complutense de historia de América* n.º 42, 2016, pp. 119-146.

—, *El matrimonio, espacio de conflictos: incumplimiento de palabra, divorcio y nulidad en la archidiócesis hispalense durante el siglo XVIII*. Tesis doctoral, Universidad de Huelva, 2014.

Madrid Cruz, María Dolores: "El arte de la seducción engañosa: algunas consideraciones sobre los delitos de estupro y violación en el Tribunal del Bureo. Siglo XVIII", *Cuadernos de historia del derecho*, n.º 9, 2022, pp. 121-159.

Mantecón Movellán, Tomás Antonio: "Impactos de la violencia doméstica en sociedades tradicionales: la muerte de Antonia Isabel Sánchez, quince años después", *Memoria y civilización: anuario de historia*, n.º 16, 2013, pp. 83-115.

—, "La violencia marital en la Corona de Castilla durante la Edad Moderna", *Familia, transmisión y perpetuación (siglos XVI-XIX)*, (Irigoyen López, Antonio ed.), Murcia: Servicios de Publicaciones de la Universidad de Murcia, 2002, pp. 19-55.

—, "Mujeres forzadas y abusos deshonestos en la Castilla moderna", *Manuscrits: Revista d'Història moderna*, n.º 20, 2002, pp. 157-185.

—, "Did interpersonal violence decline in the Spanish Old Regime?", *Memoria y Civilización: Anuario de Historia* n.º 2, 1999, pp. 117-140.

—, "Desviación, disciplina social e intervenciones judiciales en el Antiguo Régimen", *Studia Historica. Historia Moderna*, n.º 14, 1996, pp. 223-243.

Martín Polo, Manuel: "Bandolerismo y orden público en el interior peninsular durante el reinado de Carlos IV", *Vínculos de Hispania*, n.º 5, 2016, pp. 93-104.

Martínez Pérez, Fernando: "Interim apud Hispanos. Mandati de manutenendo y sumarísimos de posesión en la jurisprudencia moderna española", *Initium. Revista catalana d'historia del dret*, n.º 7, 2002, pp. 139-180.

Morant Deusa, Isabel: "El hombre y la mujer en el discurso del matrimonio". *Familias: historia de la sociedad española (del final de la Edad Media a nuestros días)*, Chacón Jiménez, Francisco, Joan Bestard Comas, (coords.). Madrid: Cátedra, 2011, pp. 445-484.

Morgado, Arturo: "El divorcio en el Cádiz del siglo XVIII", *Trocadero: Revista de historia moderna y contemporánea*, n.º 6-7, 1995, pp. 125-138.

Nausia Pimoulier, Amaia: "*Talis mater, talis filia*: las malas madres en los siglos XVI y XVII", *Memoria y civilización: anuario de historia*, n.º 16, 2013, pp. 27-54.

Oliveri Korta, Oihane: *Mujer y herencia en el estamento hidalgo guipuzcoano durante el Antiguo Régimen (siglos XVI-XVIII)*. Donostia-San Sebastián: Diputación Foral de Gipuzkoa.

Ortega López, Margarita: "La práctica judicial en las causas matrimoniales de la sociedad española del siglo XVIII", *Espacio, tiempo y forma. Serie IV. Historia moderna*, n.º 12, 1999, pp. 275-296.

Ortego Gil, Pedro: "Algunas consideraciones sobre la pena de azote durante los siglos XVI-XVIII", *Hispania. Revista española de historia*, vol. 62, n.º 212, 2002, pp. 849-905.

Pallarés Méndez, María del Carmen: "Conciencia y resistencia: la denuncia de la agresión masculina en la Galicia del siglo XV", *Arenal: Revista de historia de las mujeres*, vol. 2, n.º 1, 1995, pp. 67-79.

Pascua Sánchez, María José de la: "A la sombra de hombres ausentes: mujeres malcasadas en el mundo hispánico del Setecientos", *Studia historica. Historia moderna*, Vol. 38, n.º 2, 2016, pp. 237-285.

—, "De la calle a la alcoba. Efectos y cultura del amor", *Andalucía en la Historia*, n.º 44, 2014, pp. 30-35.

—, "Violencia y familia en la España del Antiguo Régimen". *Estudis: Revista de Historia Moderna*, n.º 28, 2002, pp. 77-102.

—, "Una aproximación a la Historia de la familia como espacio de afectos y desafectos: el mundo hispánico del Setecientos", *Chronica Nova: Revista de historia moderna de la Universidad de Granada*, n.º 27, 2000, pp. 131-166.

Pérez Ibáñez, María Jesús: "Galli Vocant Istvm Morbvm Morbvm eius civivs est. Otra designación para el mal francés", *Asclepio. Revista de Historia de la Medicina y de la Ciencia*, vol. LXn n.º 1, enero-junio, 2008, pp. 267-280.

Pérez Muñoz, Isabel: *Pecar, delinquir y castigar: el Tribunal Eclesiástico de Coria en los siglos XVI y XVII*. Cáceres: Institución cultural El Brocense, 1992.

Perurena Borobia, Ignacio: "Apuntes para el estudio del bandolerismo en Guipúzcoa (1795-1808)", *Boletín de la Real Sociedad Bascongada de Amigos del País*, Tomo 59, n.º 1, 2003, pp. 187-242.

Priotti, Jean-Philippe: *Bilbao y sus mercaderes en el siglo XVI. Génesis de un crecimiento*. Bilbao: Diputación Foral de Bizkaia, 2005.

Reguera Acedo, Iñaki: "El delito en lugar sagrado. Iglesias y conventos vascos como espacios de violencia, siglos XVI-XIX", *Revista Sancho el Sabio*, n.º 45, 2022, pp. 4-46.

Rey Castelao, Ofelia: "Las instituciones monásticas femeninas, ¿centros de producción?", *Manuscrits: Revista d'història moderna*, Universitat Autònoma de Barcelona, n.º 27, 2009, pp. 59-76.

Rieder-Zagkla, Stephanie: "... die Magd kam aus dem Hause noch vor ihrer Entbindung. Narrationen über Dienstmägde in Scheidungsakten zwischen 1800 und 1867", *Österreichische Zeitschrift für Geschichtswissenschaften* n.º 33/3, 2022, pp. 193-205.

Rivera Medina, Ana María: "Del mar a la taberna: el vino de Bilbao (ss. XV-XVII)", *Itsas-memoria: Revista de estudios marítimos del País Vasco*, n.º 6, 2009, pp. 615-627.

Rodríguez López, Rosalía: *La Violencia contra las mujeres en la Antigua Roma*. Madrid: Dykinson, 2018.

Rodríguez Ortiz, Victoria: "La disolución del vínculo conyugal y otras formas de separación entre los cónyuges en la historia del Derecho castellano", *Anuario de Historia del Derecho Español*, n.º 77, 2007, pp. 615-706.

Ruiz Astiz, Javier: *Violencia y conflictividad comunitarias en la Navarra de la Edad Moderna*. Pamplona: Gobierno de Navarra, 2015.

Ruiz Astiz, Javier: *La fuerza de la palabra escrita. Amenazas e injurias en la Navarra del Antiguo Régimen*. Pamplona: EUNSA. Ediciones de la Universidad de Navarra, 2012.

Ruiz Sastre, Marta, María Luisa Candau Chacón: "El noviazgo en la España moderna y la importancia de la palabra. Tradición y conflicto", *Studia historica. Historia moderna*, vol. 38, n.º 2, 2016, pp. 55-105.

Sánchez Hernández, María Leticia: "Las variedades de la experiencia religiosa en las monjas de los siglos XVI y XVII", *Arenal: Revista de historia de las mujeres*, Vol. 5, n.º 1, 1998, pp. 69-105.

Segura Graiño, Cristina: "La violencia sobre las mujeres en la Edad Media. Estado de la cuestión", *Clío & Crímen: Revista del Centro de Historia del Crimen de Durango*, n.º 5, 2008, pp. 24-38.

Simón Valencia, María Esperanza: *El cabildo de la Iglesia Catedral de Burgos en la Baja Edad Media (1352-1407)*. Tesis Doctoral, Universidad de Cantabria, 2016.

Stone, Lawrence: *Broken lives. Separation and Divorce in England, 1660-1857*. Oxford: Oxford University Press, 1993.

Ten Doménech, Mercedes: "Condición jurídica de las españolas en el siglo XIX: una discriminación oficializada", *Cuadernos de Historia del Derecho*, n.º 28, 2021, pp. 173-197.

Teschendorff Cerezo, Concepción: *Visión y evolución de la acción de injurias en el Derecho Romano. Época arcaica, clásica y postclásica*. Tesis doctoral, Universidad Católica de Valencia.

Torremocha Hernández, Margarita: "El amancebamiento del casado: el adulterio masculino que sí se castiga en los tribunales (s. XVIII)", *Matrimonio, estrategia y conflicto: (ss. XVI-XIX)*, Torremocha Hernández, Margarita (coord.), Salamanca: Servicio de Publicaciones de la Universidad de Salamanca, 2020, pp. 143-162.

—, *El estupro. Delito, mujer y sociedad en el Antiguo Régimen*. Valladolid: Ediciones Universidad de Valladolid, 2018.

—, "La prostitución a través de la justicia penal: definición y control de la moral sexual en la Edad Moderna", *Comercio y cultura en la Edad Moderna: Actas de la XIII Reunión Científica de la Fundación Española de Historia Moderna* Iglesias Rodríguez, Juan José, Rafael M. Pérez García, Manuel Francisco Fernández Chaves, (coords.), Sevilla: Editorial Universidad de Sevilla, 2015, pp. 1455-1468.

—, "De la Celestina al alcahuete: del modo literario a la realidad procesal", *Tiempos modernos: Revista Electrónica de Historia moderna*, vol. 8, n.º 30, 2015, pp. 1-27.

—, "Donde se rrecogen las mujeres herradas yncontinentes. Prostitución: acción y represión social en el Antiguo Régimen", *La respuesta social a la pobreza en la Península Ibérica durante la Edad Moderna*, M. J. Pérez Álvarez, (ed.). León: Servicio de Publicaciones de la Universidad de León, 2014, pp. 299-330.

Usunáriz Garayoa, Jesús María: "La violencia verbal entre marido y mujer en los siglos XVI y XVII", *Melisendra. Journal of Spanish Early Modernity Studies*, n.º 1, 2019, pp. 70-86.

Valverde Lamsfús, María Dolores: "Los niños expósitos guipuzcoanos en la inclusa de Pamplona en el siglo XVIII", *Bilduma: Revista del Servicio de Archivo del Ayuntamiento de Errenteria / Errenteriako Udal Artxibo Zerbitzuko aldizkaria*, n.º 1, 1987, pp. 109-122.

Vaello Esquedo, Esperanza: *Los delitos de adulterio y amancebamiento*. Barcelona: J.M. Bosch Editor, 1976.

Vigil, Mariló: *La vida de las mujeres en los siglos XVI y XVII*. Madrid: Editorial Siglo XXI de España, 1986.

Zabala Montoya, Mikel: "Las Juntas Generales de Bizkaia a principios de la Edad Moderna: desequilibrios y enfrentamientos anteriores a la Concordia", *Cuadernos de Historia Moderna*, n.º 30, 2005, pp. 85-124.

MAPA[1]

[1] Elaboración propia. Mapa realizado por Dr. Aitor Castañeda Zumeta.

ÍNDICE ALFABÉTICO

ESTE LIBRO SE TERMINÓ DE IMPRIMIR
EN EL MES DE DICIEMBRE DE 2023